教育法律培训教程

郁青 主编

北京师范大学出版集团
BEIJING NORMAL UNIVERSITY PUBLISHING GROUP
安 徽 大 学 出 版 社

图书在版编目(CIP)数据

教育法律培训教程/郁青主编. —合肥:安徽大学出版社,2013.6
ISBN 978-7-5664-0653-8

Ⅰ.①教… Ⅱ.①郁… Ⅲ.①教育法—中国—教材
Ⅳ.①D922.16

中国版本图书馆 CIP 数据核字(2013)第 128645 号

教育法律培训教程 郁 青 主编

出版发行:北京师范大学出版集团
安 徽 大 学 出 版 社
(安徽省合肥市肥西路 3 号 邮编 230039)
www.bnupg.com.cn
www.ahupress.com.cn
印 刷:安徽省人民印刷有限公司
经 销:全国新华书店
开 本:148mm×210mm
印 张:8.375
字 数:210 千字
版 次:2013 年 6 月第 1 版
印 次:2013 年 6 月第 1 次印刷
定 价:18.00 元
ISBN 978-7-5664-0653-8

策划编辑:鲍家全 姜 萍 装帧设计:李 军
责任编辑:姜 萍 美术编辑:李 军
责任校对:程中业 责任印制:陈 如

前　言

依法治国，建设社会主义法治国家，是党的十五大和《宪法》确立的党领导人民治理国家的基本方略。教育领域贯彻实施这一基本方略，就是要加强教育法制建设，全面推进依法治教。

依法治校是依法治教的重要组成部分。教育部早在1999年就提出了依法治校的要求，2003年印发了《教育部关于加强依法治校工作的若干意见》。该意见强调依法治校的关键在于转变观念，以良好的法律意识、法制观念指导学校管理和教育教学活动。《国家中长期教育改革和发展规划纲要（2010～2020年）》也指出学校要建立完善符合法律规定、体现自身特色的学校章程和制度，依法办学，从严治校，认真履行教育教学和管理职责。尊重教师权利，加强教师管理。保障学生的受教育权，对学生实施的奖励与处分要符合公平、公正原则。健全符合法治原则的教育救济制度。开展普法教育。促进师生员工提高法律素质和公民意识，自觉知法守法，遵守公共生活秩序，做遵纪守法的楷模。

2013年1月教育部颁发的《全面推进依法治校实施纲要》中提出全面提高教师依法执教的意识与能力。要认真组织教师的法制宣传教育，在教师的入职培训、岗位培训中，明确法制教育的内容与学时，建立健全考核制度，重要的和新出台的教育法律、法规要实现教师全员培训。要围绕全面推进依法治校的要求，组织教师深入学习有关落实国家教育方针、规范办学行为、维护教师合法权益、保障教职工民主管理权的法律规定，明确教师的权利、义务与职责，切实提高广大教职员工依法实施教育教学活动、参与学校管理的能力。对专门从事法制教育教学的教师，要组织参加专门培训，提高他们的法治理念、法律意识。

依法治校的前提是有法可依。改革开放以来，教育立法的进程不断加快，教育立法的质量也不断提高。经过几十年努力，目前，我国已初步构建了教育法体系，教育法也从其他法律部门中独立出来，成为独立的一个法律部门。

广义上的教育法是指与教育有关的法律，大致可分为以下几类：

一是《宪法》中有关教育的规定。《宪法》规定了我国教育的社会主义性质、教育的目的和任务、教育的体制等；规定了公民有受教育的权利和义务；规定了教育事业的其他重要问题。《宪法》有关教育的规定，是我国教育法的基础和依据。

二是狭义上的教育法律。

狭义上的法律是指我国最高国家权力机关及其常设机构，即行使国家立法权的全国人大及人大常委会制定的规范性文件。教育法律规定了我国教育领域最基本和主要的问题，如有关义务教育制度、学位制度、教师管理制度等。教育法律按其地位和调整范围可分为两个层次：教育基本法律和教育单行法律。

第一，教育基本法律。

教育基本法律是调整教育领域具有根本性、全局性问题的教育总法。它通常规定一个国家教育的基本方针、基本任务、基本制度以及教育活动中各主体的权利、义务。教育基本法可以说是“教育的宪法”，是教育法体系中的“母法”，是其他教育法规的立法依据，其他教育法规不得与它相抵触。我国的教育基本法是1995年3月18日由全国人民代表大会第三次会议通过的《中华人民共和国教育法》。

第二,教育单行法律。

教育单行法律是根据《宪法》和教育基本法原则制定的调整某类教育或教育对象的、某一具体部分关系的教育法律。根据《宪法》第六十七条规定,我国的教育单行法一般由全国人大常委会制定。此外,由全国人大或其常委会发布的教育方面的决议、决定等,也属于教育法律范畴,如1985年第六届全国人民代表大会常务委员会第九次会议通过的《全国人民代表大会常务委员会关于教师节的决定》。

我国现行的教育单行法主要有六部:1980年通过、2004年修订的《中华人民共和国学位条例》;1986年通过、2006年修订的《中华人民共和国义务教育法》;1993年通过的《中华人民共和国教师法》;1996年通过的《中华人民共和国职业教育法》;1998年通过的《中华人民共和国高等教育法》;2002年通过的《中华人民共和国民办教育促进法》等。

三是教育行政法规。

教育行政法规是由国务院发布或经国务院批准各部委发布,为实施、管理教育事业,根据《宪法》和教育法律制定的具有普遍约束力的规范性文件的总称,一般称为"条例"、"规定"、"办法"或"细则"。根据创制机关的不同,教育行政法规可分为两类:一类是由国务院发布的,如《教师资格条例》(1995年12月12日由国务院发布);二是经国务院批准,由国务院各部委发布,如《学校卫生工作条例》(1990年6月6日经国务院批准,由卫生部、原国家教委共同发布)、《中华人民共和国义务教育法实施细则》(1992年2月29日经国务院批准,原国家教委发布)。这两类教育行政法规具有相等的效力。

我国目前生效的在内容和形式上都比较规范的教育行政法规主要有:1981年发布的《中华人民共和国学位条例暂行实施办法》;1988年发布、1993年修订的《扫除文盲工作条例》;1989年发布的《幼儿园管理条例》;1990 年发布的《中华人民共和国学校卫生工作条例》和《中华人民共和国学校体育工作条例》;1992 年发布的《中华人民共和国义务教育法实施细则》;1994 年发布的《残疾人教育条例》;1995 年发布的《中华人民共和国教师资格条例》。

四是地方性教育法规。

地方性教育法规是指由地方立法机关制定的教育规范性文件,一般称“条例”,有时也采用“规定”、“实施办法”、“补充规定”等名称。

依据《地方各级人民代表大会和地方各级人民政府组织法》的规定,各省、自治区、直辖市人民代表大会及其常委会在不同宪法、法律和行政法规相抵触的情况下,可根据本行政区域的实际情况,制定地方性教育法规,并报全国人大常委会备案。省级人大及其常委会既可以根据全国人大及其常委会的立法,结合本地实际情况制定执行性、补充性的地方性教育法规,也可以在没有全国立法的情况下自主制定适用于本地的地方性教育法规。前者如全国人大制定《义务教育法》后,各省级人大相继制定了自己的“义务教育实施条例”,后者如陕西省人大制定了《陕西省中小学保护条例》。另外,各省、自治区人民政府所在地的市以及国务院批准的较大市的人民代表大会、民族自治地方的人民代表大会也可以依法制定地方性教育法规、单行条例,但必须报请省、自治区人大常委会批准。

五是教育规章。

规章是执行法律、行政法规的具体办法,具有一定的强制力。教育规章,具体分为部门教育规章和地方政府教育规章。部门教育规章是国务院教育主管部门根据教育法律和国务院的教育行政法规、决定、命令,按照规定程序所制定的规范性文件的总称,如《中学班主任工作的暂行规定》、《中学生日常行为规范》、《小学生日常行为规范》、《中小学教师职业道德规范》。

地方政府教育规章，是省、自治区、直辖市以及省、自治区的人民政府所在地的市和经国务院批准的较大的市的人民政府，根据教育法律和教育行政法规，按照规定程序制定的适用于本地区的规范性文件的总称。它是对教育行政法规和地方教育法规的进一步具体化，如上海市政府制定的《中小学教师进修规定》、武汉市政府制定的《实施九年制义务教育的规定》等。

六是有关教育的国际条约和协定。

国际条约是指由两个或两个以上国际关系主体（国家、地区或国际组织）就某个方面问题达成的关于彼此间权利和义务的各种协议。我国签订和加入的条约，生效后也是我国法律的一种形式。在教育方面我国参与的最重要的国际条约是1951年签订的《联合国教科文组织宪章》。此外，我国还签订了其他一些有关教育的国际性条约，其中比较重要的如1991年我国签订的《儿童权利公约》、1985年我国签订的《联合国少年司法最低限度标准规则（北京）》、1984年我国签订的《确定准许使用儿童于工业工作的最低年龄公约》等。

我国教育立法工作取得了显著成绩，为教育改革和发展提供了有力支持和保障。但从总体上看，教育法制建设还不能适应依法治国、依法治教的要求；教育系统的法制观念还比较薄弱；依法行政、依法治校尚未成为教育行政部门、政府有关部门及学校的自觉行为；教师依法执教的意识和能力还不够等。因此，需要进一步完善教育立法，同时加强教育法的宣传和普及工作。适应教育部发布的《全面推进依法治校实施纲要》的要求，我们编写了这本《教育法律培训教程》。

本教程主要选取《中华人民共和国教育法》、《中华人民共和国义务教育法》及其实施细则、《安徽省实施〈中华人民共和国义务教育法〉办法》、《中华人民共和国教师法》、《中华人民共和国教师资格条例》、《幼儿园工作规程》等几部教育法律做了详细解读，同时基于中小学和幼儿园的教育对象主要是未成年人，把《未成年人保护法》和《预防未成年人犯罪法》也纳入本教程内容体系之中。另外，为帮助中小学和幼儿园做好学校管理工作和更好地维护师生合法权益，还增加两章，即第八章《学校教育中常见的违法行为》和第九章《教育法律救济》。

本教程在详细解读相关法律之外，还附有较多鲜活、典型的案例，并尽可能作了点评，以帮助读者更好地理解相关内容。

本教程共有九章，主编郁青，副主编钱结海，郁青、钱结海、葛步红、张红梅、单守金、王方、鲍峰等同志参加了撰稿编辑工作。

随着教育立法进程的加快，教育法的修订周期也在缩短，如《幼儿园工作规程》的修订征求意见稿已发布，相信不久之后，新的《幼儿园工作规程》即将出台，这也对我们的工作提出较高要求。由于编者水平有限，不足之处请读者不吝批评指正。

郁　青

2013 年 5 月

目 录

第一章　我国的《教育法》

1995 年 3 月 18 日，第八届全国人民代表大会第三次会议通过了《中华人民共和国教育法》(以下简称《教育法》)，并于 1995 年 9 月 1 日正式施行，该法共计 10 章 84 条。《教育法》是我国教育法律领域的基本法，是制定和实施其他教育法律法规的“母法”。

第一节　我国教育的基本原则

发展我国的教育事业，必须坚持以马克思列宁主义、毛泽东思想和邓小平理论为指导，坚持党的“一个中心，两个基本点”的基本路线，遵循宪法确定的基本原则。《教育法》第五条规定了我国的教育方针：“教育必须为社会主义现代化建设服务，必须与生产劳动相结合，培养德、智、体等方面全面发展的社会主义事业的建设者和接班人。”为保证我国教育事业的发展方向，落实发展教育事业的指导思想，教育法进一步规定了我国教育的基本原则。

教育法所规定的基本原则，作为教育法基本要素之一(即法律原则)，是指我国教育事业所必须遵循的基本要求和指导准则。我国教育的基本原则是根据国家的教育方针和教育发展的客观规律制定的，并在不断总结我国社会主义教育实践经验和批判继承历史遗产及吸收外国教育有益经验的基础上丰富和发展起来的。其内容具体包括：

一、重视德育的原则

我国的教育肩负着建设社会主义精神文明的重任。为贯彻和实现我国的教育方针，全面提高教育质量，必须十分重视德育，把政治理论和思想品德教育摆在首位。《教育法》第六条规定："国家在受教育者中进行爱国主义、集体主义、社会主义的教育，进行理想、道德、纪律、法制、国防和民族团结的教育。"它规定了我国新时期思想道德教育工作的总体目标和基本内容。爱国主义、集体主义、社会主义是思想道德教育工作的总体目标，青少年的成长发展与国家的前途命运息息相关，对青少年进行爱国主义、集体主义、社会主义"三个主义"的教育不仅是学校德育工作的重要任务，也是国家和全社会的共同任务。理想、道德、纪律、法制、国防和民族团结的教育是由"三个主义"教育总体目标所决定的学校德育的六项基本内容。

二、继承和吸收优秀文化成果的原则

《教育法》第七条规定："教育应当继承和弘扬中华民族优秀的历史文化传统，吸收人类文明发展的一切优秀成果。"中华民族的文化遗产源远流长、丰富多彩、博大精深，世界各国在其发展过程中也创造了独特的、优秀的文化。我们的教育，必须继承和弘扬中华民族的优秀文化传统，并吸收和借鉴世界各国发展的成功经验和人类文明的优秀成果。因此，一方面要加强中国近代史、现代史和国情的教育，重视中华民族传统美德教育和革命传统教育；另一方面，要坚持教育的改革开放，吸收和借鉴人类社会的一切文明成果，尤其是当今信息化时代国外先进的科学技术和管理经验。

三、符合国家和社会公共利益的原则

教育活动必须遵守宪法的规定。《教育法》第八条第一款规定："教育活动必须符合国家和社会公共利益。"这一表述反映了现代教育的一个基本特征，即教育的公共性。因此，教育应当面向全体公民，对国家和社会公共利益负责。教育活动应当依法接受国家和社会的监督，任何人从事教育活动，都必须遵守宪法规定，不得违背或损害国家和社会公共利益。

四、教育与宗教相分离的原则

《教育法》第八条第二款规定："国家实行教育与宗教相分离。任何组织和个人不得利用宗教进行妨碍国家教育制度的活动。"教育与宗教是两类不同的活动，宗教活动有自己的活动场所和活动方式，任何人不得利用宗教破坏社会秩序、损害公民身体健康、妨碍国家教育制度的实施。我国教育与宗教相分离的含义是：在国民教育和公共教育中不允许宗教团体和个人进行宗教教育，不允许利用宗教进行妨碍国家教育制度的活动。教师有权在学校进行辩证唯物主义和无神论教育和宣传，但不得强迫学生不信仰宗教，也不得歧视信仰宗教的学生。

五、教育机会平等的原则

我国《教育法》第九条规定："中华人民共和国公民有受教育的权利和义务。""公民不分民族、种族、性别、职业、财产状况、宗教信仰等，依法享有平等的受教育机会。"它包括三层意思：第一层意思是公民都享有不可剥夺的平等受教育权利和履行平等教育义务；第二层意思是在义务教育阶段公民的就学机会、教育条件和教育效果平等；第三层意思是在义务教育后阶段公民的入学机会、竞争机会和成功机会均等。

六、特殊扶持和帮助原则

《教育法》第十条规定:“国家根据各少数民族的特点和需要,帮助各少数民族地区发展教育事业。”“国家扶持边远贫困地区发展教育事业。”“国家扶持和发展残疾人教育事业。”《教育法》的这些规定,体现了国家对特殊地区和特殊人群的扶持和帮助的原则。这条原则包括三方面的内容:①国家帮助各少数民族地区发展教育事业;②国家扶持边远贫困地区发展教育事业;③国家扶持残疾人教育事业。

七、建立和完善终身教育体系及支持和鼓励教育科学研究的原则

《教育法》第十一条规定:“国家适应社会主义市场经济发展和社会进步的需要,推进教育改革,促进各级各类教育协调发展,建立和完善终身教育体系。”终身教育是新技术革命的必然要求。为实现我国教育发展目标,适应社会主义市场经济发展和社会进步的需要,必须深化教育改革,坚持学前教育、初等教育、中等教育、高等教育、继续教育、老年教育等协调发展的原则,逐步建立并完善终身教育体系。

教育是一门科学,教育科学揭示了教育改革和发展中的许多规律,教育科学研究是我国教育实现现代化的重要桥梁。要提高教育质量和办学效益,提高宏观决策水平,改革教学内容和方法,按教育规律办事,加快我国教育事业的发展,就必须加强教育科学研究工作,努力运用和推广教育科学研究成果。

八、推广普通话的原则

汉语是我国的主要语言,也是世界上使用人数最多的语言。汉语言文字应作为学校及其他教育机构的基本教学语言文字。

同时，考虑到各少数民族地区和少数民族受教育者的特点和各方面条件，也允许以少数民族学生为主的学校及其他教育机构，使用本民族或者当地民族通用的语言文字进行教学。学校及其他教育机构应当使用全国通用的普通话和规范字进行教学。在使用民族语言文字教学的学校和地区，也要因地制宜搞好双语言教学，大力推广普通话。这对于加强各地区的联系、交流与沟通，巩固国家的统一，都有现实意义。

九、奖励原则

教育事业是我国优先发展的事业，对为发展我国教育事业作出突出贡献的组织和个人进行奖励，是非常必要的。各级政府应当认真贯彻和实施《宪法》和《教育法》，鼓励我国广大教师和其他教育工作者长期从事教育事业，对在教育事业中做出显著成绩的教师和其他教育工作者实行奖励。奖励工作实行精神奖励和物质奖励相结合。

第二节　我国教育基本制度

教育制度是指根据国家教育目的、方针规定的开展教育活动的各种教育行政管理机构及各类教育机构的体系及其运行规则的总和。我国的教育基本制度是在长期的教育实践中发展形成的，是民族传统和实践经验相结合的产物。建立完善的教育制度，是提高劳动者素质、培养合格人才、适应现代社会发展的需要。

一、我国的学制

所谓“学制”，是学校教育制度。学制规定各级各类学校的性质、任务、入学条件、学习年限以及它们之间的衔接与联系，从而构成一个完整的学制系统。学制是整个教育制度中最主要的组成部分，它集中体现了整个教育制度的精神实质。我国的学制是在研究学校发展的历史、总结我国学校教育的经验和教训、考虑我国国情、参考当代各国学校教育制度的基础上建立起来的。《教育法》第十七条第一款规定："国家实行学前教育、初等教育、中等教育、高等教育的学校教育制度。"就是说，我国学校教育体系由以下几个层次组成：

（一）学前教育

学前教育是最基础的教育，是指对幼儿在进入小学之前进行的教育，教育对象为3周岁以上的学龄前幼儿。进行学前教育的教育机构有幼儿园、学前班等。幼儿园实行保育与教育相结合的原则，对幼儿实施初步的体、智、德、美全面发展的教育，促进其身心和谐发展，同时为幼儿家长安心本职工作提供便利条件。《国家中长期教育改革和发展规划纲要（2010～2020年）》指出："积极发展学前教育，到2020年，普及学前一年教育，基本普及学前两年教育，有条件的地区普及学前三年教育。重视0岁至3岁婴幼儿教育。"

（二）初等教育

初等教育，又称"小学教育"，是指对儿童进行的基础教育，是国家学制系统中学校教育的第一阶段。其任务是对6周岁至12周岁的儿童进行德、智、体等方面的基础教育，为他们进一步接受中等教育打下良好的基础。进行初等教育的学校及其他教育机构有小学、儿童图书馆等。小学的学制年限为5～6年。我国对初等教育实行义务教育。

（三）中等教育

中等教育是对已完成初等教育的人进行的基础教育。中等教育又分为两个阶段，即初级中等教育和高级中等教育，学习年限各为3年，教育对象主要是12周岁至18周岁的青少年。中等教育的任务是为国家培养劳动后备力量和技术后备力量，同时为高等学校输送合格的新生。我国对初级中等教育实行义务教育。

（四）高等教育

高等教育是指对已完成中等教育或者具有同等学力的人进行的专业教育，是学校教育的最高阶段，一般分为专科、本科、硕士研究生和博士研究生四个阶段。进行高等教育的学校及其他教育机构有大学、专门学院、专科学校，以及广播电视大学、函授大学、业余大学等。高等专科学校的学制年限为2～3年，大学本科的学制年限一般为4～5年，硕士研究生、博士研究生阶段的学制年限为2～3年。

学前教育、初等教育、中等教育、高等教育构成了我国的学校教育体系。在这个学校教育体系中，中小学教育是提高民族素质的基础。为了保证国家能够建立科学的学制系统，教育法授权国务院或者国务院授权教育行政部门对受多种复杂因素制约的学制进行规定。《教育法》第十七条第二款规定："国家建立科学的学制系统。学制系统内的学校和其他教育机构的设置、教育形式、修业年限、招生对象、培养目标等，由国务院或者国务院授权教育行政部门规定。"

二、九年制义务教育制度

包括初等教育、中等教育在内的基础教育，对于全民族素质的提高，具有十分重要的意义。我国《宪法》明确规定，国家举办各类学校，普及初等义务教育。此外，还根据我国的实际情况，制定了《义务教育法》和《义务教育法实施细则》。对于九年制义务教育制度的具体内容，我们将在本书第二章中详细介绍。

三、职业教育制度和成人教育制度

职业教育和成人教育是现代教育的重要组成部分。大力发展职业教育和成人教育，是提高劳动者素质和振兴经济的必由之路。《教育法》第十九条明确规定："国家实行职业教育制度和成人教育制度。"这一规定为我国职业教育和成人教育的发展，提供了法律依据。

目前我国职业教育可以分为初等职业教育、中等职业教育和高等职业教育三个层次。国家重视职业教育，并根据初、中级人才的需求情况和基础教育的普及程度，有计划地实行小学后、初中后、高中后三级分流，逐步建立起由初等职业教育、中等职业教育、高等职业教育构成的不同层次的职业教育制度。长期以来，职业教育一直是我国各类教育中最薄弱的环节。为了发展职业教育，《教育法》第十九条第二款规定："各级人民政府、有关行政部门以及企业事业组织应当采取措施，发展并保障公民接受职业学校教育或者各种形式的职业培训。"

成人教育主要是对已经走上各种生产或者工作岗位的人员进行的教育，是传统学校教育向终身教育发展的一种新型教育制度。我国成人教育的形式主要有：对从业人员的岗位培训、成人中等专业教育、成人高等教育和大学后继续教育等。在整个教育事业中，成人教育与基础教育、职业教育、普通高等教育同等重要。发展成人教育对于把我国建设成为高度民主、高度文明的社会主义现代化国家，具有重要的战略意义。

四、国家教育考试制度

国家教育考试制度是指由国家批准实施教育考试的机构根据一定的考试目的，按照国务院教育行政部门所确定的考试内容、考试原则、考试程序，对受教育者的知识和能力进行测定和评价的活动规则。《教育法》第二十条规定:“国家实行国家教育考试制度。”

我国实施的教育考试种类,从阶段上看,包括小学阶段的考试、初中阶段的考试、普通高中的毕业会考、普通中等专业学校招生选拔考试、中等专业教育自学考试、普通高等学校招生选拔考试、高等教育自学考试等。从性质上看,主要包括三类:入学考试、学历考试和水平考试。

在我国,小学学习期间只对语文、数学两科进行期中、期末考试或期末考试,其他学科以平时考查为主,毕业考试只考本学年的课程内容。除毕业考试外,上级教育行政部门一律不得组织统一考试。逐步取消初中招生考试,普及初中教育,凡准予毕业的小学毕业生应就近直接升入初中学习。

在初中阶段,每学期只进行期中、期末考试或考查,有些课程可以只在结束时进行期末考试。初中毕业考试只考本学年的课程,其他科目实行结业考试或考查。普通高中的毕业会考是指国家承认的省级普通高中文化课毕业水平考试。会考采取考试和考查两种,一律在本学科教学全部结束后进行。会考由省、自治区、直辖市统一命题、统一施考、统一阅卷、统一计分和报告成绩。凡思想品德表现合格、会考成绩达到学籍管理中毕业生文化课成绩合格标准、体育达到合格标准的学生,可以取得普通高中毕业证书。

五、学业证书制度

学业证书是由国家批准或者设立的学校及其他教育机构颁发给学生、证明其受教育程度的凭证。国家承认其学业证书所证明的学历,持证人相应地享有国家规定的有关待遇。《教育法》第二十一条规定了学业证书制度。目前的学业证书主要是学历证书。学历证书还分为毕业证书、结业证书和肄业证书三种。

毕业证书是具有学籍的学生在一个学制内完成所有的学业,

经考试合格，符合毕业条件，由学校发给的证明其学历的证书。主要有小学毕业证书、初中毕业证书、高中毕业证书、中等专业学校毕业证书、大专毕业证书、本科毕业证书、硕士研究生毕业证书和博士研究生毕业证书。

结业证书是具有学籍的学生，学完教学计划规定的全部课程，其中有一门以上课程补考后仍不及格但不属于留级范围或未学满规定的学分，德育、体育合格，准予结业者，由学校发给的证明其学历的证书。

肄业证书是指有学籍的学生学满 1 年以上而未学完教学计划规定的课程中途退学者（被开除学籍者除外）而取得的学历证书。取得肄业证书的学生可能是因为患病，长期不能治愈而中途退学的，也可能是因为其他原因退学的。

除上述的学历证书外，还有一些学业证书，如参加进修所获得的进修证书、参加培训班而获得的培训证书，以及各种学位证书等。

国家实行学业证书制度，意味着学业证书的发放是一种国家特许的权力。只有那些达到国家规定的教育标准的学校或其他教育机构，才有权发放相应的学业证书，如小学、中学、职业高中、中等专业学校、普通高等学校以及研究机构等。证书颁发的程序一般是，学校按有关规定填写毕业证书申领表，经有关主管部门审核后，再报验印部门审核，领取毕业证书；学校填写证书有关内容，加盖学校和校长印章，由学校颁发。

六、学位制度

学位制度是由国务院授权的学位授予单位对达到一定的学术水平或者专业技术水平的人员授予相应的学位，并颁发学位证书的制度。学位制度是我国教育制度的一个重要组成部分，对于促进我国科学、技术专门人才的成长，促进各门类学科学术水平的提高和教育、科学事业的发展，有着重要的推动作用。《教育法》第二十二条对学位制度做了明确规定。

七、扫盲教育

中共中央、国务院十分重视扫盲工作，发布了一系列关于扫盲的规定。《教育法》把扫盲教育作为教育的基本制度规定下来。《教育法》第二十三条规定："各级人民政府、基层群众性自治组织和企业事业组织应当采取各种措施，开展扫除文盲的教育工作。""按照国家规定具有接受扫除文盲教育能力的公民，应当接受扫除文盲的教育。"按照国务院 1993 年经修改重新发布的《扫除文盲工作条例》第二条规定："凡年满 15 周岁以上的文盲、半文盲公民，除丧失学习能力的以外，不分性别、民族、种族，均有接受扫除文盲教育的权利和义务。"

当前的扫盲教育对象主要是 15～45 周岁的青壮年。对在规定期限内具备学习条件而不接受扫盲教育的适龄文盲、半文盲公民，当地人民政府应当进行批评教育，并采取切实有效的措施使其接受规定的扫盲教育，并达到脱盲标准。参加扫盲教育的学员一般由县级教育部门出卷考试，合格者发给脱盲证书。国家对在扫盲教育工作中成绩显著的单位或个人予以表彰、奖励。教育部(原国家教育委员会)对在扫除文盲教育工作中做出突出贡献的单位或个人颁发"扫盲奖"。按《扫除文盲工作条例》规定，脱盲的标准是农民识 1500 个汉字，企业和事业单位职工与城镇居民识 2000 个汉字；能够看懂浅显通俗的报刊、文章，能够记简单的账目，能够书写简单的应用文。

八、教育督导和教育评估制度

教育督导制度是上级人民政府对下级人民政府、下级教育行政部门和学校的各项教育工作进行监督、检查、评估、指导的一种制度。目前我国的教育督导制度主要是对中等教育以下的教育机构、下级人民政府及有关行政部门的教育工作的督导。教育督导的任务有两个方面：一方面是监督政府，包括政府下设的教育行政机构；另一方面是监督学校，主要是监督中小学教育，以保证国家有关的教育方针、政策、法律、法规的贯彻执行和教育目标的实现。

教育评估制度是指在国家教育行政部门的组织和指导下，根据一定的教育目标和标准，通过系统收集学校教育的主要信息，准确了解学校的实际情况，进行科学分析，对学校办学水平和教育质量进行指导评价的制度。目前我国建立的教育评估体系包括：对普通高等学校的评估、对成人高等学校的评估、对成人中等专业学校的评估、对普及义务教育的评估，以及对扫盲教育的评估。

第三节　学校及其他教育机构

教育是一项育人的工程，这项工程必须通过一定的媒介来实现。学校及其他教育机构就是实施教育的媒介，是开展教育的基本物质条件，也是构成教育系统的重要因素。

一、学校及其他教育机构的特征

学校是教育者根据一定社会要求和受教育者身心发展的规律而有目的、有计划、有组织地进行系统教育的非营利性的专门教育机构。学校包括各级各类学校，如进行学前教育的幼儿园，进行初等教育、中等教育的全日制小学、各种形式的简易小学、九年一贯制学校、全日制普通中学、盲童学校、聋哑学校、弱智儿童辅读学校，进行高等教育的普通高等学校，具有颁发证书资格的成人学校等。其他教育机构是指除学校以外进行人才培养活动的非营利性机构，如少年宫、电化教育机构、职业培训中心、就业训练中心、老年大学、家政学校以及实施扫盲教育、文化补习教育、社会文化教育的教育机构等。学校及其他教育机构作为培养人才的机构，具有以下基本特征：

1. 不以营利为目的

不以营利为目的也称“非营利性”，是指学校及其他教育机构不得以营利为基本目的，举办学校及其他教育机构的最终目的不得是获取经济利益。《教育法》第二十五条第三款明确规定：“任何组织和个人不得以营利为目的举办学校及其他教育机构。”不以营利为目的是学校及其他教育机构与企业相区别的最基本的属性。

2. 有明确的培养目标

任何一所学校或者其他教育机构在设立时，都要明确其设立的目的是为了培养某种人才，受教育者通过学习可以获得某种知识和技能。有了明确的培养目标，学校或者其他教育机构才可以依此目标招收受教育者，确定教育的内容，并按照一定的形式（如学校的班级）组织教育活动。目的性是学校及其他教育结构的基本属性之一。

3. 按其自身规律进行组织管理

学校及其他教育机构是有着特定运行规律的组织，其内部组织机构按照其特有的规律进行组织、管理，使学校及其他教育机构成为一个有机统一的整体，有组织、有秩序地进行教育活动。

按举办主体，可将学校及其他教育机构分为三类：国家举办的学校及其他教育机构，企业事业组织、社会团体、其他社会组织及公民依法举办的学校及其他教育机构，两个以上的单位共同举办的学校及其他教育机构。《教育法》第二十六条规定了设立学校及其他教育机构必须具备四个基本条件：①有组织机构和章程；②有合格的教师；③有符合规定标准的教学场所及设施、设备等；④有必备的办学资金和稳定的经费来源。

《教育法》第三十一条规定：“学校及其他教育机构具备法人条件的，自批准设立或者登记注册之日起取得法人资格。学校及其他教育机构在民事活动中依法享有民事权利，承担民事责任。”这条规定明确了它的法律地位，即学校具备条件的可成为教育事业法人。这意味着学校作为市场经济体制下独立的教育活动主体，享有法律赋予的充分的办学自主权，并能独立依法享有民事权利，承担民事责任。

二、学校及其他教育机构的权利和义务

学校及其他教育机构作为一种社会组织，其自身享有法定的权利，并承担法定的义务。

（一）学校及其他教育机构的权利

学校及其他教育机构享有的权利根据《教育法》第二十八条规定，学校及其他教育机构享有下列权利：

1. 自主管理权，即按章程自主管理的权利

按章程自主管理，即按照章程对学校各方面的专门工作、对各个职能部门、对各种组织进行管理；按照章程进行计划、组织、检查、评价、处理等。学校及其他教育机构在进行管理时，有权按照章程独立进行管理，在招生、指导毕业生就业、教育教学、科学研究、筹措和使用经费、人事安排、职称评定、工资分配、国际合作与交流、学校管理等方面拥有有关法律、法规规定的权限，不受其他组织和个人的干涉。

学校章程是指学校为了实现正常运转，对其办学宗旨、管理体制、财务活动等基本的、重大的问题做出全面规定而形成的自律性基本文件，是学校进行自主管理的基本依据。学校章程一般应载明下列内容：①本校名称；②本校办学宗旨；③本校的主要任务；④内部领导体制（指内部主要领导机构的设置及其职能分工）；⑤教职工、学生参加学校民主管理和监督的形式；⑥主要财务管理制度；⑦人事管理制度；⑧本校的举办者及其权利、职责；

⑨章程的修改程序；⑩其他必要事项。

2. 教育教学权，即组织实施教育教学活动的权利

学校及其他教育机构有权按照国家的有关规定，根据自己的培养目标确定或调整具体的教育教学计划，组织教育者向受教育者施加有目的、有计划、有组织的教育和影响，使受教育者发生预期的变化，完成教育任务。

3. 招生权，即招收学生或者其他受教育者的权利

这项权利是指学校等教育机构根据自己的办学宗旨和培养目标、任务，以及办学条件和能力，依据国家有关招生法规、规章和主管部门的招生规定，可以制定本机构具体的招生办法，发布招生广告，决定招生的具体数量和人员，确定招生范围和来源。

4. 学籍管理权，即对受教育者进行学籍管理，实施奖励或者处分的权利

所谓"学籍管理"，主要是指学校针对不同层次、类别的受教育者，制定有关入学与报名注册、纪律与考勤、休学与复学、转学、退学的管理办法，实施具体的管理活动。"奖励"是指教育机构针对受教育者在德、智、体等方面的表现，给予精神的、物质的奖励，如颁发荣誉证书、授予奖学金等。"处分"是指教育机构对违反校纪校规的受教育者给予的校内处分，包括警告、记过、留校察看、勒令退学、开除学籍等处分形式。

5. 颁发证书权，即对受教育者颁发相应的学业证书的权利

学校及其他教育机构可以根据自己的办学宗旨、培养目标和教育教学任务要求，依据国家有关学业证书的有关规定，对经考核、成绩合格的受教育者，按其类别，颁发毕业证书、结业证书等学业证书。学校及其他教育机构在颁发学业证书时，应当遵守国家的有关规定。

6. 聘任教师权，即聘任教师及其他职工，并对其实施管理的权利

学校及其他教育机构根据国家有关教师和其他教职工管理

的法规、规章和主管部门的规定，从本校的办学条件、办学能力和编制等实际情况出发，可以自主决定聘任、解聘有关教师和其他职工，可以制定本学校的教师及其他职工聘任办法，签订和解除聘任合同，并可以对教师及其他员工实施包括奖励、处分在内的具体管理活动。规定此项权利，有利于学校等教育机构自主办学，选拔优秀人才从教，建立奖勤罚懒、奖优罚劣的激励机制，从而保障提高教育教学质量。

7. 管理财产权，即管理、使用本单位的设施和经费的权利

管理、使用本单位的设施和经费，是学校及其他教育机构的一项重要权利。只有学校及其他教育机构管理、使用本单位的设施和经费，才能使这些设施和经费发挥更大的效益，保证教育活动更好地开展。在管理、使用本单位的设施和经费时，应当建立健全财务规章制度。

8. 拒绝干涉权，即有权拒绝任何组织和个人对教育教学活动的非法干涉

学校及其他教育机构对来自行政机关、企业事业组织、社会团体、个人等方面的非法干涉教育教学活动的行为，有权拒绝和抵制。所谓“非法干涉”，是指行为者违背法律、法规和有关规定做出的不利于教育教学活动的行为，如强行占用教室、随意要求学校停课、以行政命令要求学校向学生家长收取费用等。

9. 其他权利，即法律规定的其他权利

（二）学校及其他教育机构应当履行的义务

在我国，权利和义务是平衡的。享有一定权利，也就要承担相应的义务，学校及其他教育机构也不例外。《教育法》第二十九条规定了学校及其他教育机构应当履行的义务。

1. 遵纪守法义务，即遵守法律、法规

我国《宪法》第五条规定：“一切国家机关和武装力量、各政党和各社会团体、各企业事业组织都必须遵守宪法和法律。一切违反宪法和法律的行为，必须予以追究。”学校及其他教育机构应履行的遵守法律、法规的义务中的“法律”，包括《宪法》和国家权力机关制定的法律，“法规”包括行政法规和地方性法规。学校及其他教育机构应全面履行自己的法律义务，这既包括一般意义上的守法，也包括对教育法律、法规、规章中的义务的履行。

2. 贯彻教育方针义务

即贯彻国家的教育方针，执行国家教育教学标准，保证教育教学质量。学校及其他教育机构在整个教育教学活动中，要坚持社会主义办学方向，贯彻《教育法》第五条所确立的国家教育方针，走教育教学与生产劳动和社会实践相结合的办学道路，从德、智、体等方面全面教育、培养学生；要执行国家教育教学标准，努力改善办学条件，加强育人环节，保证教育教学活动和培养学生的质量达到国家教育教学质量要求，并不断提高教育教学质量。

所谓“国家教育教学标准”，是指国家对各级各类教育的教育内容、教育教学质量及办学条件等规定的必须达到的一般标准，它是国家评估和指导教育教学活动的基本依据，是一国教育水平的集中反映。

3. 维护权益义务

即维护受教育者、教师及其他职工的合法权益。这一义务包括两层含义：

一是学校及其他教育机构自身的行为不得侵犯受教育者、教师及其他职工的合法权益，如不得克扣、拖欠教职工工资，不得拒绝合乎入学标准的受教育者入学等；二是当学校及其他教育机构以外的其他社会组织和个人侵犯了本校学生、教师及其他职工的合法权益时，学校及其他教育机构应当以合法方式，积极协助有关单位查处违法行为的当事人，维护受教育者、教师及其他职工的合法权益。这一义务的确定，有助于形成一种学校爱护教师、学生，学生、教师关心、爱护学校的良好教育教学关系，保持校园秩序乃至社会秩序的稳定，也有助于维护学生、教师的合法权益。

4. 提供情况义务

即以适当方式为受教育者及其监护人了解受教育者的学业成绩及其他有关情况提供便利。这一义务的规定，目的在于促使学校及其他教育机构保障受教育者及其监护人了解受教育者本人学习成绩、在学校表现等的知情权，加强学校教育与家庭的联系和沟通。所谓的“适当方式”，是指学校及其他教育机构等通过设立“家长接待日”、“家长会议”，组织教师家访，找学生个别谈心等合法的、正当的方式，保障家长及其他监护人、学生本人的知情权，不得采取非法的、侵犯学生合法权益的方式，如“考试成绩排队”、“公布学生档案”等。

5. 合理收费义务

即根据国家有关规定收取费用并公开收费项目。学校的存在和发展都需要有物质保障，所以，学校及其他教育机构可以向受教育者收取一定的费用，以维持正常的运转。但学校及其他教育机构不是以营利为目的的社会组织，在收取费用时，必须遵守国家的有关规定，并公开收费项目，接受社会监督。实施义务教育的中小学校，必须根据国家有关规定的收费标准和办法收取杂费，不得自行制定收费的项目及标准。学生在非义务教育阶段原则上应交纳学杂费。学杂费的收取标准和办法，由省、自治区、直辖市人民政府或国务院教育行政部门研究决定。

6. 接受监督义务，即依法接受监督

学校及其他教育机构有义务接受包括受教育者及其监护人、主管部门、社会舆论等在内的监督。

三、学校及其他教育机构的内部管理体制

学校及其他教育机构的内部管理体制，主要是指学校及其他

教育机构内部设立的决策机构、日常行政管理和监督机构等主要内部机构的职能划分及其相互关系，包括学校领导体制、岗位责任制、教师等专业技术人员及其他人员的聘任制、分配制度等。

学校及其他教育机构的内部管理体制有多种多样。概括地讲，学校目前的内部管理体制一般有三种：中小学实行校长负责制；高等学校实行党委领导下的校长负责制，少数高校进行了校长负责制试点工作；一些社会力量单独或者共同举办的学校实行董事会领导下的校长负责制。学校及其他教育机构究竟实行哪种管理体制，《教育法》未做统一规定，而是把确定管理体制的权力赋予了举办者。

所谓"校长负责制"，是一种以校长责任和职权为主要内容的学校管理体制，它包括上级领导、校长负责、党组织政治核心和监督、教职工民主参与管理和监督四个相互联系、又职责分明的组成部分，目的是建立起统一的高效率的学校运行系统。在校长负责制中，校长是学校的最主要负责人，是学校法人代表。对内全面领导学校教育、教学和行政工作，向全体教职工、学生负责；对外代表学校，向举办者负责。校长在管理学校过程中，依照国家有关规定行使行政决策权、行政指挥权、人事管理权和财务管理权。

根据全国中小学校长任职条件和岗位要求的规定，中小学校长全面主持学校工作，具体包括：领导和组织德育工作；领导和组织教学工作；领导和组织体育、卫生、美育、劳动教育工作及课外教育活动；领导和组织总务工作；配合党组织，支持和指导群众组织开展工作。校长负责制中校长的职责和权力比较明确，这一方面强化了行政功能，提高了工作效率；另一方面使党政职能分开，党的基层组织可以从繁琐的行政工作中摆脱出来，集中精力加强党组织的建设。

第四节　受教育者

《教育法》中有关教师和其他教育工作者的内容我们将在第三章《教师法》中做专门介绍。本节我们重点介绍受教育者在教育活动中的地位，受教育者依法享有的权利和应履行的义务。

一、受教育者在教育活动中的地位

这里的受教育者是《教育法》意义上的，是指在学校及其他教育机构登记注册、正在接受教育的学生和其他公民个人，主要是中国人，也包括来华留学的外国人。

在法律关系上，受教育者区别于其他教育主体享有特定权利和履行特定义务。《教育法》将受教育者的权利和义务法定化，不仅有利于受教育者主动有效地行使权利和履行义务，保护受教育者的合法权益，而且有利于学校及其他教育机构依法对受教育者进行管理。

受教育者依法享有平等权利。我国《宪法》第四十六条明文规定："中华人民共和国公民有受教育的权利和义务。"我国公民的受教育权是指公民依法享有接受文化知识教育、劳动技能教育和其他方面教育的权利。《教育法》第三十六条规定："受教育者在入学、升学、就业等方面依法享有平等权利。"不受种族、性别、家庭出身、宗教信仰、财产状况、社会地位等方面的限制。国家将创造各种条件，包括政策上的、物质上的条件，使受教育者在入学、升学、就业等方面享有事实上的平等权利。

《教育法》第三十六条第二款规定："学校和有关行政部门应当按照国家有关规定，保障女子在入学、升学、就业、授予学位、派出留学等方面享有同男子平等的权利。"国家保障妇女享有同男子平等的教育权利，主要是通过学校和有关行政部门来具体贯彻执行的，要求学校和有关部门应当严格执行国家的有关规定，具体内容如下：①不得拒绝符合入学条件的妇女入学；②在升学方面，不得擅自提高妇女的录取分数标准或附加其他歧视性条件；③在毕业就业时，应该为女生创造与男生平等的就业机会，一视同仁地向用人单位推荐，接收单位不得以性别为由拒绝接收；④学位授予单位应该严格依照《中华人民共和国学位条例》的规定，授予符合条件的妇女以相应的学位；⑤在派出留学方面，学校和有关部门应根据有关规定保障妇女与男子享有平等的机会，不得限制和剥夺妇女出国留学深造的权利。

二、国家为受教育者成长创造条件

（一）为家庭经济困难的儿童、少年、青年提供资助

《教育法》第三十七条规定："国家、社会对符合入学条件、家庭经济困难的儿童、少年、青年，提供各种形式的资助。"为了保障受教育者受教育的权利，最终使受教育者享有平等的受教育机会，国家、社会对符合入学条件、家庭经济困难的儿童、少年、青年，有责任提供各种形式的资助。国家对家庭经济困难的学生提供资助的方式主要有奖学金、贷学金、助学金、勤工助学基金和减免学杂费等。

奖学金，一般是针对高校学生设立，它是国家和有关方面为了奖励优秀学生或为鼓励学生报考国家需要的专业学科和立志毕业后到艰苦地区工作而设立的奖励基金。

助学金，是国家为帮助家庭经济困难的学生解决在校学习期间的生活困难而按有关政策规定发给学生的学习和生活费用。实行助学金制度的具体办法，由省级人民政府规定。

勤工助学基金，是在普通高等学校设立的、旨在使家庭经济

困难的学生、尤其是特困生得到有效资助以完成学业的基金，专门用于支付给学生校内勤工助学活动的劳动报酬。

减免学杂费，在义务教育阶段，国家对学生免收学费，并且对家庭经济困难的学生酌情减免杂费。在非义务教育阶段，为使家庭经济确实困难的学生不因要交纳全部学杂费而影响学业。国家从1995年开始，对他们实行减免学杂费政策。减免学杂费的具体实施办法由各高等院校按照国家有关规定自定，并在招生前向社会公布，以解除经济困难考生及其家长的疑虑，保证合格新生按规定入校学习。

对符合入学条件但家庭经济困难的儿童、少年、青年提供资助不仅是国家的义务，同时也是社会的责任。国家鼓励企事业单位、社会团体、公民个人和学校设立奖学金、助学金和各种形式的慈善捐助，对困难学生予以资助，对品学兼优的学生和报考国家重点保证的、特殊的、未来工作条件较为艰苦的专业的学生给予奖励。社会各界可以不同方式帮助贫困学生接受教育，如由青少年发展基金会等单位发起的动员社会力量自愿救助辍学贫困学生的“希望工程”。

（二）国家为残疾人受教育提供帮助和便利

残疾人是社会中有特殊困难的群体，为保障残疾人受教育的权利，《宪法》第四十五条第三款规定：“国家和社会帮助安排盲、聋、哑和其他有残疾的公民的劳动、生活和教育。”《教育法》第三十八条规定：“国家、社会、学校及其他教育机构应当根据残疾人身心特性和需要实施教育，并为其提供帮助和便利。”

国家号召全社会都来关心残疾人的教育。各级人民政府要将残疾人教育作为国家教育事业的组成部分，统一规划，加强领导。要在各级人民政府的统一领导下，以教育部门为主，民政、卫生、劳动、计划、财政和残疾人联合会等部门和组织紧密配合，各司其职，共同做好残疾人教育工作。地方各级人民政府在职责范围内，根据本地的实际情况设置残疾人特殊教育机构。如有关部门和地方设立的残疾幼儿教育机构、残疾儿童福利机构、残疾儿童康复机构、盲童学校（班）、聋哑学校（班）、弱智儿童学校（班）以及残疾人职业培训教育机构和为残疾人举办的中等以上特殊教育学校（班）等。

（三）为有违法犯罪行为的未成年人接受教育创造条件

《教育法》第三十九条规定："国家、社会、家庭、学校及其他教育机构应当为有违法犯罪行为的未成年人接受教育创造条件。"有违法犯罪行为的未成年人的受教育权同样受国家保护。社会、家庭对有违法犯罪行为的未成年人不应放弃教育，而应有针对性地采取有效措施，加强管理。学校应当尊重未成年人的受教育权，不得随意开除未成年学生。对有违法和轻微犯罪行为的未成年学生，可采取送工读学校的办法。

（四）为从业人员继续接受教育提供条件和便利

《教育法》第四十条规定："从业人员有依法接受职业培训和继续教育的权利和义务。国家机关、企业事业组织和其他社会组织，应当为本单位职工的学习和培训提供条件和便利。"这里的"从业人员"的含义，是指从事一定社会经济活动并取得劳动报酬或经营收入的人员。已办理离休、退休、退职手续，但又再次从业（有酬或自营等各种方式）的人员，计为从业人员。从事经济活动的在读学生，不计为从业人员。

（五）为公民接受终身教育创造条件

《教育法》第四十一条规定："国家鼓励学校及其他教育机构、社会组织采取措施，为公民接受终身教育创造条件。"终身教育也叫“终生教育”，是“人们在一生中所受到的各种教育的总和”，包括各个年龄阶段的各种方式的教育，既有学校教育，也有社会教育。它不仅要求发展非正规的成人教育，而且要求把从幼儿教育到高等教育都纳入到终身教育的体系中。

学校及其他教育机构是实施教育、教学活动的主要场所，应当为公民接受终身教育创造条件。首先，各级各类教育机构应从各项教学管理制度改革入手，建立与终身教育相适应的各种制度，如学分制、弹性学制等；其次，学校及其他教育机构还应为广大在职人员终身学习创造条件。

除学校及其他教育机构外，国家还鼓励社会组织为公民终身学习创造条件，如企事业单位和其他社会组织及公民个人可以依法自主举办各种非职业性的和职业性的文化、技能培训班等；文化、科技、宣传等机构可通过各种媒介向社会、广大公民传播各种文化知识，为公民终身学习创造条件和提供便利。

三、受教育者的权利和义务

（一）受教育者的权利

受教育者的权利是指受教育者在教育活动中享有的权利。它是公民受教育权的具体内容，是国家对学生在教育活动中可为或不为一定行为的许可与保障。我国现行《教育法》，对受教育者的基本权利做出规定，包括以下五个方面内容：

1. 参加教育教学计划安排的各项活动，使用教育教学设施、设备、图书资料——参与教育教学活动和使用各种教学资源权

受教育者有权参加教育教学计划安排的各种活动，是指教育机构的教育教学计划对本机构的受教育者应该公开，受教育者有权按照教育教学计划的安排参加相应活动。如受教育者有权参加本年级本班教师的授课活动，有权参加教育教学计划围绕课堂教学安排的课外活动，如进行参观访问、社会实践、勤工俭学等。受教育者既然有权参加教育教学计划安排的各种活动，自然享有使用教育教学设施、设备、图书资料的权利，如使用教室、实验室，查询和借阅图书资料等。

2. 按照国家有关规定获得奖学金、贷学金、助学金——获得物质帮助和奖励权

我国各级各类学校都设立了奖学金制度，尤其是高等学校，目前主要以奖学金制度为主。国家和社会对符合入学条件、家庭经济确有困难的学生，或正在就读的确有经济困难的学生给予贷学金、助学金和其他资助。对于军事院校、师范院校，国家实行助学金制度。国家和社会对家庭贫困交不起学费的儿童、青少年提供各种形式的资助，如希望工程、爱心行动、春蕾计划等。

3. 在学业成绩和品行上获得公正评价，完成规定的学业后获得相应的学业证书、学位证书——获得公正评价和学业证书权

学业成绩的评价是教育机构对受教育者在受教育的某一段时期的学习情况和知识结构、知识水平的概括及评价，包括课程考试成绩记录、平时学习的情况和总评等。品行评价包括对政治觉悟、道德品质、劳动态度等的评价。

受教育者有权要求进行学业成绩评价和品行评价，而且有权要求评价的公正性。如，每学期、每学年直至毕业时，因正当需要，学生都有权要求学校、所在系、院或教师出示学业成绩和品行评价，并对各种失真的评价有通过正当途径要求予以更正的权利。

学业证书、学位证书是对受教育者某一段受教育时期的学业成绩、学术水平和品行的最终评定。受教育者思想品德合格，学完或提前学完教育教学计划规定的全部课程，考试、考核及格或修满学分，在该教育阶段结束时均有获得相应学业证书的权利。

4. 对学校给予的处分不服向有关部门提出申诉，对学校、教师侵犯其人身权、财产权等合法权益，提出申诉或者依法提起诉讼——申诉起诉权

这是公民申诉权和诉讼权在教育侵权行为中的具体体现。学校一般的惩处措施主要是：警告、记过、留校察看、开除学籍。受教育者对学校给予的处分不服可以向教育行政部门反映，并有权提出申诉，任何人不得无理阻挠，有关部门应积极受理，并按规定及时答复。

根据《民事诉讼法》的规定，学校或教师侵犯其合法权益，受教育者可直接向法院提起诉讼。大致有以下几种情况：①受教育者对学校侵犯其合法财产权利可提起诉讼，如对学校违反《义务教育法》及其实施细则和地方性法规的规定乱收费，学生有权起诉；②受教育者对学校侵犯其人身权利的行为可提起诉讼，如受教育者对学校在校园管理过程中处理不当而侵害了其名誉权，有权提起诉讼；③受教育者对教师侵犯其合法财产权利，如学生对教师强迫其购买与教学无关的东西，有权提起诉讼；④受教育者对教师侵犯其人身权利，如学生对教师私拆其信件造成其身心受伤害，有权提起诉讼；⑤受教育者对学校或教师侵犯其知识产权可提起诉讼，如教师剽窃学生的著作权、发现权、发明权或其他科技成果权，学校强行将学生的知识产权收归学校等。

5. 法律、法规规定的其他权利

即《教育法》以外的其他法律、法规规定的权利。包括三种情况：①其他法律、法规已经规定，而教育法律、法规没有重复规定的权利；②教育法律、法规中已经规定，但是随着客观形势的发展变化，经法定解释，该项权利具有新的含义；③新颁布的法律、法规中对受教育者权利的新规定，包括新赋予的权利，对原有权利的修订、撤销等。

(二)受教育者的义务

受教育者的义务分两部分:一部分是《宪法》和法律赋予每个公民的义务,受教育者作为公民也应该承担。另一部分是作为受教育者应承担的特殊义务。在《教育法》第四十三条中,规定了受教育者应履行的义务,包括以下四个方面:

1.遵守法律、法规——守法义务

这是受教育者作为公民应遵循的最基本的规范,也是受教育者成为“四有”新人最起码的要求。遵守法律法规,既包括宪法、法律、行政法规,也包括教育法律、法规和有关教育的规章。如《中华人民共和国兵役法》规定,每年12月31日以前年满18周岁的男性公民,应当被征集服兵役,根据军队需要,可按规定征集女性公民。正在接受教育的全日制学校学生缓征,但他们有履行兵役义务的要求。

2.遵守学生行为规范,尊敬师长,养成良好的思想品德和行为习惯——遵守道德规范的义务

我国的教育方针要求把学生培养成在德、智、体等方面全面发展的社会主义事业的建设者和接班人。这就要求学生在学校学习期间必须遵守学生行为规范,尊敬师长,养成良好的思想品德和行为习惯。这既是学校的职责,同时也是学生的义务。“学生行为规范”特指国家最高教育行政机关颁发的《小学生守则》、《中学生守则》、《小学生日常行为规范》、《中学生日常行为规范》、《高等学校学生行为准则》等,这些“规范”对不同层次和不同类型学校的学生提出了不同的要求。因此,履行义务的标准也是不同的。

3.努力学习,完成规定的学习任务——努力学习义务

受教育者的主要任务是学习。受教育者完成规定的学习任务,是作为受教育者的一项最主要和最基本的义务,这项义务包含以下方面的内容：①受教育者应按时到校上课，上课前准备好学习用品。不能无故迟到、早退或辍学，去做其他与学习无关的事情；②上课时，应专心听讲，勇于提出问题，敢于发表自己的见解，积极回答老师的提问；③应认真复习功课，按时独立完成作业。考试不作弊。珍惜时间，科学安排课余活动。

4. 遵守所在学校及其他教育机构的管理制度——遵守纪律义务

学校为了保证教育教学工作的顺利进行，需要制定有关的规章制度，这些制度包括：思想政治管理制度，教学管理制度，学籍管理制度，体育、卫生、图书、仪器、校园等方面的管理制度。对这些规章制度，学生有义务遵守。

第五节　教育与社会

教育与社会密切联系，二者相互依存，相互作用。这里的"教育与社会"是指由《教育法》规范的一定范围的教育与社会，其中"教育"是指专门组织的教育，即全日制学校教育、半日制和业余的学校教育、函授教育、广播和电视学校教育等；"社会"是指各种社会组织与个人，即国家机关、军队、企业事业组织、社会团体及其他社会组织和个人等。

一、全社会都应当关心和支持教育事业的发展

（一）教育的发展与社会的进步相辅相成

社会的进步离不开教育，而教育往往对社会发展的进程产生重大影响。现在，我们要赶超世界先进科技水平、实现现代化需要大量高素质人才，而人才则出自于教育。正像邓小平同志所指出的，实现"四个现代化"，科学技术是关键，基础在教育。改革开

放以来，我国的教育事业也和其他领域一样，发展十分迅速，可谓生机勃发，一派兴旺，有力地推动了国家的建设和社会的进步。教育事业的迅猛发展和全社会尊师重教的良好意识密切相连。这种对教育的关心和支持，不仅在国家的法律法规和国家及有关部门颁发的文件与采取的措施中时时得到反映，更重要的是，它在一定程度上已经成为社会的一种自觉行为。宏观上教育事业关系着国家的兴旺发达，微观上关系到千家万户的自我发展，对教育的关心和支持，既关系到国家的利益，也关系到个人的利益。因此，支持教育事业，促进教育发展，不仅是国家的任务，也是全社会的一种义务。

（二）培养全面发展的高素质人才需要社会的配合

教育与社会的关系涉及的立法内容，包括三方面：社会支持教育、实施社会教育、学校教育积极为社会服务。

“社会支持教育”，是通过法定义务或职责的规定，要求有关社会组织和公民个人，在良好社会环境的创造及教育设施、场所、便利条件的使用、开放和提供上，履行相应的义务或职责。同时，在自愿的基础上提倡和动员社会各界对学校教育的开展予以物质和精神上的大力支持。我国《教育法》在“总则”里规定：“全社会应当关心和支持教育事业的发展。”第四十五条规定：“国家机关、军队、企业事业组织、社会团体及其他社会组织和个人，应当依法为儿童、少年、青年学生的身心健康成长创造良好的社会环境。”第四十六条规定：“国家鼓励企业事业组织、社会团体及其他社会组织同高等学校、中等职业学校在教学、科研、技术开发和推广等方面进行多种形式的合作。企业事业组织、社会团体及其他社会组织和个人，可以通过适当形式，支持学校的建设，参与学校管理。”第四十七条规定：“国家机关、军队、企业事业组织及其他社会组织应当为学校组织的学生实习、社会实践活动提供帮助和便利。”

“实施社会教育”，是指有关的社会团体、社会文化机构和其他社会组织和个人，以全体社会成员为施教对象，在自愿、自发的基础上广泛开展各种丰富多彩的社会文化教育活动。《教育法》第五十二条规定：“国家鼓励社会团体、社会文化机构及其他社会组织和个人开展有益于受教育者身心健康的社会文化教育活动。”

“学校教育为社会服务”，是指学校及其他教育机构在开展教育教学活动中，通过产学合作、参加社会公益活动等形式，积极为当地经济建设和社会物质、文化生活水平的提高提供服务，发挥促进作用。《教育法》第四十八条规定：“学校及其他教育机构在不影响正常教育教学活动的前提下，应当积极参加当地的社会公益活动。”

社会环境是人类在自然环境基础上创造和积累的物质文化、精神文化和社会关系的总和。它是年青一代身心发展的基础。保障和促进儿童、少年、青年学生的身心健康成长，是一项完整的社会系统工程。各国家机关、军队、企业事业组织、社会团体和个人依照本法和其他有关法律法规的规定，积极履行相应的职责，为儿童、少年、青年学生提供良好的物质、文化条件和创造蓬勃向上的社会风气，是这一系统工程的重要环节。

党和国家历来重视社会环境的治理和改善，以利于儿童、少年、青年学生的成长。1991 年国家颁布实施了《中华人民共和国未成年人保护法》，一些地方相继制定了保护未成年人地方法规、规章以及教育、宣传、广播影视、新闻出版、公安司法、工青妇等部门和团体联合或单独发布了有关规章和规范性文件。根据《教育法》和国家其他有关法规和规章的要求，为儿童、少年、青年学生的身心健康成长创造良好的社会环境，主要包括以下几个方面的内容：

(1)要建设有利于儿童、少年、青年学生健康成长的设施、场所,消除易使儿童、少年、青年学生受到损害的不良社会因素。

(2)在各级党委和政府的统一领导下,各部门齐抓共管,整治社会治安,减少违法犯罪,加强校园秩序管理,依法严肃处理侵犯儿童、少年、青年学生合法权益的行为,为儿童、少年、青年学生提供稳定、安全的生活环境和教育教学环境。

(3)国家机关、军队、企业事业组织、社会组织和个人,要积极开展有益于儿童、少年、青年学生成长的活动,或者为儿童、少年、青年学生接受多种形式的教育和开展实习、社会实践活动提供帮助和便利。

(4)新闻出版、广播影视、文化艺术、工商管理、公安等部门要严格加强文化市场的管理,采取严厉措施查禁淫秽书刊、音像制品。同时,有关部门要积极组织,鼓励创作、生产并提供、推荐教育性强、格调高雅的优秀作品,把提供有益于青少年身心发展的、丰富多彩的精神产品作为义不容辞的责任,大力弘扬良好的社会风气,优化育人环境。

(5)学校及其他教育机构要在有关部门的大力配合下,加强校园管理和建设,做到环境整洁优美,风气积极向上,设施完好,秩序正常,提供健康文明的育人环境。

二、父母和其他监护人对未成年人的教育应尽的义务

依法保证未成年人按法定年龄入学接受基础教育,是未成年人的父母或者其他监护人应尽的义务。我国《教育法》第四十九条规定:"未成年人的父母或者监护人应当为其未成年子女或者其他被监护人受教育提供必要条件。""未成年人的父母或者监护人应当配合学校及其他教育机构,对其未成年子女或者其他被监护人进行教育"。

未成年人的父母或者监护人应当为其子女或者其他被监护人

提供必要条件，是指未成年人的父母或其他监护人应当从物质条件和学习时间上对其子女或其他被监护人接受教育予以必要的保障，要按规定为他们接受教育交纳必要的费用，及时提供必要的学习用品、用具，保证他们必要的学习时间，特别是要保证未成年子女接受义务教育的必要条件，不得妨碍未成年子女或其他被监护人的学习，不得使其辍学。家庭经济确有困难的父母或其他监护人，可以依照国家有关规定申请减免学杂费、申请助学金等。

未成年人的父母或者监护人应当配合学校及其他教育机构，对其子女或其他被监护人进行教育，这主要是指未成年人的父母或其他监护人应当主动配合学校全面贯彻国家的教育方针，正确实施家庭教育，对其子女或其他被监护人进行德育、智育、体育、美育、劳动教育以及社会生活指导等方面的教育；对于入托的学龄前幼儿，未成年人的父母或其他监护人也应协助幼儿园做好幼儿的保育、教育工作，培养幼儿良好的生活卫生习惯和良好的品德行为，促进幼儿智力的正常发展。未成年人的父母或其他监护人"配合"的方式多种多样，例如：参加学生家长会，向教师提出合理化建议，配合学校督促其子女或其他被监护人完成学校、教师规定的学习任务，关心他们的身心健康，发展正当的兴趣爱好，培养良好的思想品德，等等。

家庭教育通常指父母或其他年长者对儿女辈进行的教育。学校、教师可通过家长会、家访、讲座、办班等多种方式在家庭教育方面给家长以指导，特别要强调父母及其家庭成员应注意自己的价值观念、言行举止、实行家庭教育的态度和方法等，使之对其子女或其他被监护人的身心发育、智力发展、学习进步和人格的形成产生良好的影响；并且，要主动密切地配合学校教育，注意家庭与学校的相互协调和影响一致，为子女或其他被监护人的学习和成长创设良好的内部环境和外部环境。

三、校外教育和社会公共设施应尽的职责

校外教育是对未成年人进行教育的重要组成部分，是丰富未成年人课余生活、实施品德教育、学习文化科学知识、锻炼身体、发挥个人特长的重要形式，是学校和家庭教育的重要补充，是学校和社会相互配合、共同对未成年人进行的教育活动。

开展校外教育活动，需要具备必要的设施和场所，例如：少年宫、少年之家（站）、儿童少年活动中心、儿童乐园、少年儿童图书馆（室）、少年科技馆、少年儿童艺术馆、少年业余艺校、少年儿童野外营地、少年儿童劳动基地、少年业余体校、妇女儿童活动中心（少年儿童活动部分）等。为此，《教育法》第五十一条规定："国家、社会建立和发展对未成年人进行校外教育的设施。学校及其他教育机构应当同基层群众性自治组织、企业事业组织、社会团体相互配合，加强对未成年人的校外教育工作。"

学校及其他教育机构与城镇街道、居委会、社区、村民委员会、企业事业组织，以及其他社会组织相互配合共同做好这一工作。特别是未成年人集中的区域，相关的社会组织应结合实际情况配合教育部门或学校积极为未成年人组织各种有益的校外教育活动。如近年来相关社会组织发起少年儿童夏令营、冬令营，组织中学生参加社会实践、访问边疆海防、观看百部爱国主义影片、开展各种艰苦磨炼活动，以及开展少年儿童"手拉手"活动、"献爱心"活动、读书活动、知识竞赛等各种有益于未成年人身心健康成长的校外教育活动。社会各界应积极选派英雄模范先进人物、老干部、老党员、老教师、解放军战士等担任校外辅导员，与未成年人建立经常性联系，协助做好校外教育工作。

校外教育包括的内容很广，其中很重要的一项是充分利用各种社会公共文化体育设施对青少年进行形式多样的教育活动。新闻出版、广播影视、文化艺术等从事精神产品生产的部门，有责

任为广大中小学生提供丰富健康的精神营养。《教育法》第五十条规定:“图书馆、博物馆、科技馆、文化馆、美术馆、体育馆(场)等社会公共文化体育设施,以及历史文化古迹和革命纪念馆(地),应当对教师、学生实行优待,为受教育者接受教育提供便利。”“广播、电视台(站)应当开设教育节目,促进受教育者思想、品德、文化和科学技术素质的提高。”为了充分发挥社会公共文化体育设施的教育功能,原国家教委、文化部、广播电影电视部、全国科协等九部委及团体联合发布了《关于全国各类文化设施向中小学生免费或优惠开放的意见》。该文件要求:各影剧院等公共文化设施和国家机关、部队、企事业单位、社会团体所属的礼堂、文化体育设施,每年应免费向中小学开放一至二次。博物馆、纪念馆、展览馆等,应根据中小学校教育教学需要,免费或低费接待集体参观。各营利性文化设施,如体育场(馆)、游乐场、影剧院、礼堂等应在寒暑假期间,举办中小学生专场,实行低费或免费服务。

第六节 教育投入保障与对外交流合作

一、我国筹措教育经费的体制

发展教育事业需要各方面物质条件的充分保障。解决教育事业物质条件保障的中心内容是筹措教育经费问题。自新中国成立以来,特别是自 1978 年党的十一届三中全会以来,我国的教育事业有了很大的发展,但是,教育经费不足问题仍然是制约教育事业进一步发展的突出问题。《教育法》第五十三条规定:“国家建立以财政拨款为主、其他多种渠道筹措教育经费为辅的体制,逐步增加对教育的投入,保证国家举办的学校教育经费的稳定来源。”这一规定,明确了我国筹措教育经费的体制。

（一）我国教育投入的主渠道是国家财政拨款

国家对教育的财政拨款，应当主要用于国家举办的学校，使这些学校的教育经费有基本的、稳定的来源。这些学校包括两类：其一，是国家举办的实施义务教育的学校。《义务教育法》规定，我国实行九年义务教育，国家对接受义务教育的学生免收学费，并设立助学金，帮助贫困学生就学。《义务教育法》还规定："实施义务教育所需事业费和基本建设投资，由国务院和地方各级人民政府负责筹措。""国家对经济困难地区实施义务教育的经费，予以补助。""国家在师资、财政等方面，帮助少数民族地区实施义务教育。"其二，是国家举办的高等学校、高级中等学校和中等以上职业学校，国家一般应保障其教育经费在现有的基础上逐年有所增长。

（二）必须多种渠道筹措经费

我国筹措教育经费的体制是多渠道筹措教育经费的体制，这一体制是和我国的社会主义市场经济体制相适应的。改革开放以来，我国通过各地的探索、实践和总结，已逐步建立起以各级财政为主，以征收城乡教育费附加、发展校办产业、接受社会捐赠、收取学杂费等多种渠道为辅筹措教育经费的体制。

因此，除国家举办的实施义务教育的学校，仍基本由国家负责教育经费，学生只交杂费外，其他各类学校都要改变国家包办的方式。对于非国家举办的学校，即由企业事业单位、社会团体及其他社会组织、个人等社会各方面举办的学校，根据《教育法》第五十三条规定，其"办学经费由举办者负责筹措，各级人民政府可以给予适当支持"。

应继续拓宽筹措教育经费的渠道，主要包括以下方面：国家支持学校发展校办产业，对包括各类职业学校在内的校办产业仍继续实行减免税政策，对校办产业的政策性低息贷款将逐年增加；建立教育银行，运用金融手段扩大教育资金来源；继续鼓励厂矿企业、社会力量以及海内外各界人士捐资助学和在农村集资办学。

我国教育经费筹措实行六字方针，即“财、税、费、产、社、基”。“财”，即中央和地方各级财政对教育的拨款。“税”，是指各级政府依法征收用于教育的各种税收及附加费。“费”，即学校向学生收取的学杂费。“产”，即各级各类学校的校产、勤工俭学、社会服务收入中用于改善办学条件的部分。“社”，即社会力量集资办学和群众捐资助学。“基”，即国内外社会团体、各界人士和其他组织捐赠资金设立的各种教育基金等。

（三）保障教育经费的逐年增加

根据我国筹措教育经费的体制，保障教育发展物质条件的首要问题是要保障和逐步增加国家对教育的投入。对此，《教育法》第五十四条做了具体规定：“国家财政性教育经费支出占国民生产总值的比例应当随着国民经济的发展和财政收入的增长逐步提高。具体比例和实施步骤由国务院规定。”“全国各级财政支出总额中教育经费所占比例应当随着国民经济的发展逐步提高。”就是说，从中央到地方各级财政的教育经费不仅应当随着该级财政支出的增加而增加，即绝对量的增加，而且在该级财政中所占比例也应当逐步提高，即相对量的增加。

对于财政性教育经费的增长情况，《教育法》第五十五条第二款做了明确规定：“各级人民政府教育财政拨款的增长应当高于财政经常性收入的增长，并使按在校学生人数平均的教育费用逐步增长，保证教师工资和学生人均公用经费逐步增长。”为了切实保障增加教育经费支出，《教育法》规定，各级人民政府的教育经费支出，按照事权和财权相统一的原则，在财政预算中单独列项。

这样可以避免因政府的教育管理部门不能有效支配教育经费，而在各级财政预算制定和执行过程中，出现挤占和挪用教育经费的现象。国家对于随意挪用在财政预算中单独列项的教育经费的，予以从重处罚。

二、教育对外交流与合作

《教育法》在《总则》中规定："教育应当继承和弘扬中华民族优秀的历史文化传统，吸收人类文明发展一切优秀成果。"教育对外交流与合作即是吸收人类文明发展一切优秀成果的重要途径，是我国对外开放的一个组成部分。

（一）教育对外交流与合作的基本原则

《教育法》第六十七条总结和肯定了教育对外交流与合作的经验，明确规定："国家鼓励开展教育对外交流与合作。"并规定了教育对外交流与合作的基本原则，即"坚持独立自主、平等互利、相互尊重的原则，不得违反中国法律，不得损害国家主权、安全和社会公共利益"。其中，坚持独立自主、平等互利、相互尊重，是保证我国教育事业健康发展的前提条件；不得违反中国法律，不得损害国家主权、安全和社会公共利益，是对我国公民、教育机构及其他社会组织在教育对外交流和合作过程中的最基本要求。

（二）教育对外交流与合作的途径和方式

教育对外交流与合作的途径很多，但主要有三种：一是根据政府间的协议相互进行交流与合作；二是通过一些社会团体相互进行交流与合作；三是中国的高等院校、研究机构同外国的高等院校、研究机构建立联系，相互进行交流与合作。

教育对外交流与合作的方式主要有三个方面：一是图书、资料、信息、成果的相互交流与合作；二是中外互派留学人员、研究人员;三是中外合作举办各级各类教育机构。其中互派留学人员在我国教育对外交流与合作中占有很重要的地位。

中外通过互派留学人员进行交流与合作有两种情况:一种是中国境内公民出国进行学习、进修和讲学等;另一种是境外个人来华学习、进修和讲学等。对此,我国《教育法》均做了相应规定。按照我国公民出国学习的派遣方式,可以分为公派出国留学、自费出国留学以及自费公派留学三种。公派留学是指国家按照国家派遣留学人员的方针、政策,并由国家或有关部门、地方、单位全部或部分资助,通过各种渠道和方式,有计划地派出人员到国外、境外攻读学位、进修或访问讲学。公派留学根据资助主体的不同,又可分为"国家公派"和"单位公派"两种。自费留学是指我国公民提供可靠证明,由其定居外国及中国香港、中国澳门、中国台湾地区的亲友资助,或使用本人、亲友在国内的外汇资金,到国外高等学校、研究机构学习或进修。自费公派留学是指我国公民没有得到国家或单位资助,而是通过境外亲友的资助或取得境外各种奖学金、贷学金等并纳入国家派出计划而出国留学。

【本章小结】

《教育法》是教育领域的基本法,是制定其他教育法律的基本依据,也是新中国成立以来我国教育发展的经验总结和未来教育发展的总体规划。本章介绍了《教育法》中规定的我国教育的基本方针、基本原则、基本制度、各教育法主体的基本权利和义务,教育与家庭、社会的关系,教育投入保障,教育对外交流与合作等,使我们对《教育法》的基本内容有了宏观上的把握和认识。

【复习思考题】

1. 如何全面理解我国的教育方针,发展我国教育事业应遵循哪些基本原则?

2.什么是教育制度,我国的教育基本制度包括哪些内容?

3.学校具有哪些基本特征,学校享有哪些权利,应履行哪些义务?

4.学生在教育活动中享有哪些权利,应当履行哪些义务?

第二章　义务教育法

义务教育是各级各类教育的基础，是科教兴国的奠基工程，是教育和社会发展的重中之重。《中华人民共和国义务教育法》(以下简称《义务教育法》)于 1986 年 4 月 12 日由第六届全国人民代表大会第四次会议通过，自 1986 年 7 月 1 日起施行；2006 年 6 月 29 日第十届全国人大常委会第二十二次会议修订，2006 年 9 月 1 日起施行。该法是新中国成立后颁布的第一部教育专门法，是促进和保证我国基础教育健康发展的基本法。

第一节　《义务教育法》概述

一、《义务教育法》的制定和修订

(一)《义务教育法》的制定

《义务教育法》是从我国的国情出发，依据我国 20 世纪 80 年代社会主义建设与发展的实际需要，以及教育发展的现实条件而制定的。新中国成立后，我国的教育事业有了很大的发展，从根本上改变了旧中国基础教育极为落后的状况。在旧中国只有 20％的学龄儿童能够入学。到 1985 年，全国共有小学 83 万多所，在校生达到1.3亿多人，95%以上的学龄儿童能够入学。初中教育有了更大的发展，学校数量由4000多所增加到76000多所，增加了18倍，在校生由80多万人增加到4000万人，增加了46倍。但是，从总体上看，我国基础教育仍然比较薄弱，相当部分农村地区尚未普及小学教育，许多适龄儿童特别是女童没有接受完小学教育，青壮年中的文盲和半文盲仍在继续产生，不少中小学师资不适应教育教学的需要，中小学经费严重不足等。基础教育存在的种种问题，与我国现代化建设的宏伟目标形成了尖锐的矛盾。为此，党和国家确立了教育在经济、社会发展中的优先地位，作出了有步骤实施九年义务教育的决策。党的十一届三中全会后，我国的教育法制建设进入一个新阶段，1984年国务院教育主管部门开始着手起草《义务教育法》。

1985年5月27日，改革开放后的第一次全国教育工作会议召开，颁布实施了《中共中央关于教育体制改革的决定》，明确提出制定《义务教育法》、普及九年制义务教育的任务，推动了《义务教育法》起草工作的进行。1986年4月12日，第六届全国人大第四次会议通过了《义务教育法》，由此，我国进入了尊师重教、依法治教的历史阶段。

随着政治、经济、文化、社会诸方面的发展，《义务教育法》原则性、纲领性的立法形式逐渐暴露出不能适应我国义务教育事业发展需要的问题。1992年3月14日，经国务院批准，国家教育委员会颁布实施《〈中华人民共和国义务教育法〉实施细则》（以下简称《实施细则》）。《实施细则》为《义务教育法》的实施和完善做出了巨大贡献。1994年，改革开放后的第二次全国教育工作会议确定“两基”（基本普及九年义务教育和基本扫除青壮年文盲的简称）为我国教育工作的“重中之重”，将优先发展义务教育事业作为教育公平问题和实现社会主义优越性的一项重要内容，义务教育的理念获得了进一步发展。1999年6月13日，中共中央、国务院颁布了《关于深化教育改革，全面推进素质教育的决定》，自此，我国的义务教育由一项“有利于国家建设的伟大事业”转变成一项“提高国民素质的宏伟工程”。

（二）《义务教育法》的修订

1.《义务教育法》修订的背景

《义务教育法》实施以来，我国义务教育发生了翻天覆地的变化。与1986年相比，2005年全国小学学龄儿童净入学率由96.4%提高到99.1%；小学毕业生升学率由69.5%提高到98.4%。2005年，全国有13个省级单位、2890个县（市、区）实现了“两基”，全国普及九年义务教育人口覆盖率已经超过了95%，初中阶段毛入学率超过95%。但是随着我国教育改革与发展的不断深入，义务教育出现了一些新情况、新问题。主要是：(1)义务教育财政经费投入总量不足，不少学校的公用经费存在缺口，有的学校还存在危房和欠债，一些地方教师工资还不能按时、足额发放。(2)义务教育阶段学生学习负担较重，应试教育没有得到根本改观。(3)义务教育资源分配不尽合理，城乡之间、地区之间、学校之间的差距依然存在，在一些地方和有些方面还有扩大的趋势。(4)有些义务教育学校乱收费现象严重，学生家长经济负担沉重。(5)义务教育学校时有事故发生。(6)一些人利用义务教育教科书的编写、出版和发行向学生家长伸手、谋求不正当利益。据统计，2004年我国随父母进城的义务教育阶段的适龄儿童已达640多万人，托留在农村的“留守儿童”有2200多万人，全国初中阶段辍学率为2.49%，西部地区高达3.89%，农村辍学率为3.03%，西部农村初中辍学率高达4.28%，使义务教育面临新的挑战。人民群众和社会各界对这些问题反应强烈，仅十届全国人大一到三次会议，就有2132位代表提出46项议案，要求修订这部法律。因此，有必要对《义务教育法》进行修订。

新世纪以来，国家出台了一系列新的推进义务教育的政策和措施，需要上升为法律规范。2002 年 4 月，国务院颁布实施《国务院办公厅关于完善农村义务教育管理体制的通知》（国办发〔2002〕28 号），决定实行新的农村义务教育管理体制。2005 年 12 月，国务院下发了《国务院关于深化农村义务教育经费保障机制改革的通知》（国发〔2005〕43 号），明确了各级政府对农村义务教育经费的分担责任和实施步骤。这一系列重大改革措施，极大地改变了我国义务教育的政策环境，促进了义务教育的快速发展，急需在法律上予以体现。

教育部在认真调查研究、总结实践经验的基础上，起草了《中华人民共和国义务教育法（修订送审稿）》，于 2004 年 6 月底呈报国务院。国务院经反复论证，形成了修订草案，经 2006 年 1 月国务院常务会议批准后，报全国人大审议，2006 年 6 月，第十届全国人大常委会第二十二次会议审议通过了新修订的《义务教育法》。

2.《义务教育法》修订的主要内容

《义务教育法》主要做了以下修订：(1)从结构上讲，修订前的法律没有分章，修订后的法律分为 8 章规定，即总则、学生、学校、教师、教育教学、经费保障、法律责任和附则。(2)从内容上讲，修订后的法律有针对性地增加了一些规定。主要是：一是为解决教育经费不足问题，明确了义务教育的经费来源等方面的规定；二是为全面推进素质教育，增加了规范教学内容等方面的具体措施；三是为解决义务教育经费配置不尽合理的问题，强调了学校均衡发展等原则；四是为解决教育乱收费等问题，对学校收费等给予了规范；五是为防止义务教育学校时有事故发生的问题，增加了保障学校安全等方面的规定；六是为了防止利用义务教育教科书非法牟利等问题，规定了教科书基准价和浮动等制度。

3. 新《义务教育法》颁布实施的意义

第一，修订后的《义务教育法》，进一步明确了义务教育的性质和培养目标，规定了义务教育是公益性事业，国家将义务教育全面纳入财政保障范围，明确义务教育不收学费、杂费，为在新的起点上更好地实施九年义务教育提供了法律保障。第二，修订后的《义务教育法》将素质教育上升为法律规定，进一步明确了义务教育的方针和目标，为全面贯彻教育方针，提高教育教学质量，促进人的全面发展提供了法律保障。第三，修订后的《义务教育法》将促进义务教育均衡发展作为方向性要求确定下来，为保障适龄儿童、少年平等接受义务教育的权利，促进教育公平提供了法律保障。第四，修订后的《义务教育法》进一步完善了中国特色教育法律法规体系，体现了党和国家对于义务教育的新要求，具有较强的时代性、针对性、规范性和前瞻性，为教育立法提供了典范。

二、义务教育的基本原则

义务教育的原则，是指依据法律、法规的规定，在实施义务教育工作中应遵循的价值导向和行为准则。它是教育法的基本原则在义务教育活动中的贯彻和具体化，主要包括依法实施原则，国家、社会、学校、家庭予以保障的原则，统一性与多样性相结合的原则，均衡发展的原则等。

（一）依法实施原则

依法实施原则，是指义务教育的实施应当依照《义务教育法》和其他教育法规，把义务教育的实施纳入法治轨道，做到有法可依、有法必依、执法必严、违法必究。具体地说，遵循这一原则，就是要严格按照法律、法规的规定，确定义务教育的年限；制定实施义务教育的目标、规划和措施以及具体方案、义务教育证书的发放等法律制度；依法设置或审批实施义务教育的学校，制定实施义务教育的标准，保证义务教育经费的落实；建立对实施义务教育工作的监督、检查、指导制度；建立和执行实施义务教育的奖励与处罚的制度等。

（二）以国家为主，国家、社会、学校、家庭共同保障的原则

保障适龄儿童、少年接受规定年限义务教育的权利，是义务教育的出发点和落脚点。贯彻国家、社会、学校、家庭依法保障的原则，不仅要求政府、企事业单位、学校和适龄儿童、少年的父母或其他监护人，以及其他公民依法履行职责或义务，保障适龄儿童、少年依法接受义务教育的权利，而且要动员社会各方面的力量，共同参与和支持义务教育事业，形成“人民教育人民办，办好教育为人民”的局面。

（三）统一性与多样性相结合的原则

义务教育实施的统一性，是指国家依法实行统一的义务教育制度，全国各省、自治区、直辖市都要毫无例外地实施义务教育。义务教育的多样性，是指在义务教育实施过程中，允许各个地方在统一的义务教育制度的前提下，可以采取不同的方式、方法。主要是：(1)入学年龄的多样性。《义务教育法》第十一条规定：“凡年满六周岁的儿童，其父母或者其他法定监护人应当送其入学接受并完成义务教育。”同时该条又规定：“条件不具备的地区的儿童，可以推迟到七周岁。”(2)学习内容的多样性。可以实行普通教育，也可以在初中阶段实施初级中等职业教育。(3)对少数民族地区以及特殊教育对象可以依法实施特殊形式、内容的教育。

（四）均衡发展的原则

义务教育均衡发展是维护国民基本受教育权的重要保障，是促进教育公平的战略性任务。每个适龄儿童、少年都应当享有平等地接受义务教育的权利，这是整个社会平等的基础。促进义务教育均衡发展是义务教育实施的一项长期的重要任务。

为确保义务教育均衡发展,《义务教育法》规定了具体措施,主要在以下方面:第一,在教育资源管理及监督方面,规定县级以上人民政府及其教育行政部门应当促进学校均衡发展,缩小学校之间办学条件的差距,不得将学校分为重点学校和非重点学校,学校不得分设重点班和非重点班;人民政府教育督导机构对义务教育均衡发展状况等进行督导,督导报告向社会公布。第二,在师资的配置方面,规定县级人民政府教育行政部门应当均衡配置本行政区域内的学校师资力量,组织校长、教师的培训和流动,加强对薄弱学校的建设;国务院和地方各级人民政府鼓励和支持城市学校教师和高等学校毕业生到农村地区、民族地区从事义务教育工作;国家鼓励高等学校毕业生以志愿者的方式到农村地区、民族地区缺乏教师的学校任教。县级人民政府教育行政部门依法认定其教师资格,其任教时间计入工龄。第三,在经费投入方面,规定县级人民政府编制预算,除向农村地区学校和薄弱学校倾斜外,应当均衡安排义务教育经费;国务院和县级以上地方人民政府根据实际需要,设立专项资金,扶持农村地区、民族地区实施义务教育。第四,规定了违反义务教育均衡发展原则的法律责任。

第二节　义务教育的基本制度

一、国家实行九年制义务教育

《义务教育法》第二条规定:"国家实行九年制义务教育制度。"世界上大多数国家都实行义务教育制度,但在义务教育的年限上有很大不同。根据联合国教科文组织的统计,在实行义务教育的国家和地区中,规定义务教育年限在 4 年至 12 年之间,如美国、德国为 12 年,韩国、日本为 9 年,印度、巴西为 8 年。我国的基础教育底子比较薄弱，在普及了小学教育的基础上，在20世纪80年代末，提出九年制义务教育的目标不仅是符合实际情况的，经过努力也是能够实现的。尽管有些发达地区已经考虑将义务教育延伸至高中阶段，但在全国范围内，全部实现九年制义务教育尚需一段时间，义务教育保持九年制不变。

二、义务教育就学制度

义务教育就学制度，指规定适龄儿童、少年如何进校学习的制度。它包括入学通知制度，就近免试入学制度，缓学、休学申请批准制度等。

（一）入学通知制度

根据《实施细则》的规定，基层人民政府及其教育行政部门或者其授权的实施义务教育的学校应制作“义务教育入学通知书”，并在新学年开始前15天将通知书送达适龄儿童、少年的父母或其他监护人。为了保证适龄儿童、少年按时入学，除应发放入学通知书外，还应做好入学儿童、少年的核实复查工作，以避免接受新生工作中的错漏现象。应入学的适龄儿童、少年的父母或者其他监护人未接到入学通知书的，或者有关部门或单位错发通知书的，当事人的父母或者其他监护人有权向当地人民政府或其授权的实施义务教育的学校申请复核和补救。

（二）就近免试入学制度

《义务教育法》第十二条规定：“适龄儿童、少年免试入学。地方各级人民政府应当保障适龄儿童、少年在户籍所在地学校就近入学。”“就近入学”，原则上指户籍所在地的适龄儿童、少年都可以登记入学，并不是指到“离家最近”的学校就读，区县教育行政部门根据本地区公办学校的资源配置和义务教育适龄学生的分布和需求状况，合理规划和确定本地区县义务教育阶段公办学校招生入学范围和招生人数，为每一位适龄儿童、少年提供“就近入学”接受义务教育的机会。“免试”是指义务教育阶段各类学校的招生工作不得举行或变相举行与入学挂钩的选拔考试或者测试。

【案例】 某乡小学由于办学条件好，师资力量强，教学质量高，是众多学生家长眼中理想的学校。1999年，为了能够更多创收，在现有条件下，学校决定，在秋季招生中，压缩计划内儿童入学名额，扩大收费生比例，王某家住在这所小学的服务区内，当年就要升入一年级。当他的父母带着他按时去学校报名时，却被告知计划内名额已报满，只能按收费生交3000元入学，否则，不能入学。

【点评】 这所学校的行为是不合法的，学校压缩计划内名额，扩大收费生比例，造成王某无法就近入学接受义务教育，侵犯了王某的受教育权。王某可通过其父母向当地教育行政部门申诉或向当地人民法院提起诉讼，以维护自己的权利。

（三）缓学和休学申请批准制度

《义务教育法》第十一条规定：“适龄儿童、少年因身体状况需要延缓入学或者休学的，其父母或者其他法定监护人应当提出申请，由当地乡镇人民政府或者县级人民政府教育行政部门批准。”延缓入学是指适龄的儿童、少年在达到入学年龄时因患有暂时不宜到学校学习的疾病，如患传染病或者正处于疾病的治疗期、恢复期，或者有其他一时难以解决的困难而不能入学，需要推迟入学。经批准的缓学期届满后，若孩子已康复，家长应及时送其入学；延缓期满仍不能入学的，家长应重新提出缓学申请。休学是指学生因伤病、出国、出境或本人不可抗拒的原因连续缺课，需要休息一段时间才能继续上学。休学期满，学生监护人要到学校办理复学手续。复学可根据学生本人要求回原年级就读,也可到下一级就读。休学期满不能复学的,监护人提出书面申请,学校报经教育主管部门批准后,可续办休学手续。

三、学龄儿童、少年登记制度

义务教育的实施,首先是使达到规定入学年龄的儿童按时入学。为了保证达到规定年龄的儿童按时入学接受义务教育,各地应按法律规定做好学龄儿童、少年登记工作。义务教育登记的对象,一是本学区的学龄前儿童,二是应接受义务教育的适龄儿童、少年。实行登记制度的具体做法是:教育行政机关统一制作“义务教育登记表”,发至农村村民委员会和城镇居民委员会,由它们按实际情况核准并填写,报送教育行政机关和乡级人民政府归档登记备查。

四、义务教育证书制度

为了证明儿童、少年已完成义务教育,《实施细则》第十五条规定:“对受完规定年限义务教育的儿童、少年,由学校发给完成义务教育的证书。完成义务教育证书的格式由省级教育主管部门统一制定。受完当地规定年限义务教育获得的毕业证书或结业证书,可视为完成义务教育的证书。”在学校教育中,有个别学生智力好,学习成绩优异,应允许他们越级升入高年级学习。对于提前达到与规定年限义务教育相应的初等教育或初级中等教育毕业程度的,应视为完成义务教育。

五、义务教育评估验收制度

按照《实施细则》的规定,九年义务教育的评估验收由各省、自治区、直辖市人民政府负责,国家教育部负责对此项工作进行指导、监督、检查。评估验收的指标主要包括:(1)普及程度的指标要求;(2)师资水平的指标要求;(3)办学条件的指标要求;(4)教育经费的指标要求;(5)教育质量的指标要求。

第三节　《义务教育法》的主要内容

修订后的《义务教育法》共8章63条,对我国义务教育的主要内容进行了规定。

一、义务教育的内涵和特点

(一)义务教育的内涵

义务教育又称“强迫教育”,萌发于欧洲中世纪末期,为近现代世界各国普遍实施的一项教育法律制度,其实质是根据法律的规定,适龄儿童、少年必须接受的,国家、社会、家庭必须予以保障的一定年限的强迫性免费国民教育。1619年德意志魏玛邦当局规定父母应送其6～12岁的子女入学,否则,政府将强迫其履行此项义务,这是世界上第一项义务教育法令。20世纪以来,科学技术高度发展,教育的作用日益突出,越来越多的国家实行了义务教育制度。

我国的义务教育是在新中国普及教育的基础上发展而来的。《义务教育法》第二条规定:“义务教育是国家统一实施的所有适龄儿童、少年必须接受的教育,是国家必须予以保障的公益性事业。”义务教育有丰富的内涵,可以从以下几个方面理解:

1. 义务教育是国家必须予以保障的公益性事业

实施义务教育的学校和其他教育机构不以营利为目的,属于非营利性组织。我国《教育法》第二十五条第三款规定:“任何组织和个人不得以营利为目的举办学校及其他教育机构。”国家采取法律、行政等方面手段,确保这项公益性事业的落实。

2. 义务教育是所有适龄儿童、少年必须接受的教育

这是义务教育强制性的体现。义务教育的对象是所有适龄儿童、少年,强调所有适龄儿童、少年必须接受义务教育,是为了更好地保护儿童、少年的权利。

3. 义务教育由国家统一实施,体现了义务教育的统一性

其统一性体现在以下方面:全国实施九年义务教育不受地域、经济水平以及个体差异的影响,凡具有中华人民共和国国籍的适龄儿童、少年在中华人民共和国境内都具有接受义务教育的权利和义务;课程设置和课程标准、教师质量和配置要求、义务教育学校的设置都是统一的;对义务教育的财政支持按财政拨款标准,也体现了义务教育的统一性。国家还通过其他调控措施和手段促进义务教育均衡发展,更好地保障义务教育基本质量和义务教育在全国的统一实施。

(二)义务教育的特点

义务教育作为一项教育法律制度,它具有区别于其他教育制度和教育工作的独有特征。具体来说,义务教育具有以下特点:

1. 义务教育具有普及性

义务教育的普及性是指所有适龄儿童、少年除依照法律规定办理缓学或免学手续的以外,都必须入学接受义务教育,并且必须完成规定年限的义务教育。适龄儿童、少年既包括生理正常的儿童、少年,也包括具有接受义务教育能力的盲、聋、哑、弱智和肢残的儿童、少年。对于因身体状况需要延缓入学或者需要休学的,其父母或者其他法定监护人提出申请,经批准可推迟接受义务教育。

2. 义务教育具有强制性

义务教育的强制性是指义务教育依照法律规定,由国家强制力保证推行和实施。强制性是义务教育的本质特征。强制性体现在两个方面:一是适龄儿童、少年必须接受,义务教育既是适龄儿童、少年所享有的权利,也是他们必须履行的义务。二是国家必须予以保障,即国家颁布法律保证义务教育法律制度的实施,任何阻碍或者破坏义务教育实施的违法行为,都要受到法律制裁。

【案例】 湖北省荆门市朱某、唐某夫妇的女儿和儿子分别上小学六年级和三年级。1998 年 3 月,朱家夫妇认为"子女都不是读书的料",而让孩子辍学回家干活。朱家姐弟上学的小学及镇政府在对其父母进行说服和批评教育无效后。1998 年 4 月,镇政府及学校校长以朱某夫妇侵犯子女受义务教育的权利为由,向当地人民法院提起诉讼。区人民法院于 5 月 5 日开庭,公开审理这起侵犯子女受义务教育权利案,并很快做出判决,要求朱某夫妇将子女送回学校上学,但朱家夫妇继续拖延拒不执行法院判决。判决生效后,法院决定强制执行,并对态度特别恶劣的唐某司法拘留 15 天,她也由此成为全国第一个因不让子女接受义务教育而坐牢的学生家长。朱家姐弟得以复学。

【点评】 义务教育在实施过程中,在大多数情况下,不是通过强制措施,而是依靠人民群众自觉地遵守和执行;只是在实施的过程中遇到阻碍或者遭到破坏的情况时,才通过国家强制措施来保证其推行。

3. 义务教育具有公共性

义务教育是由国家保障实施的公益性事业,属于国民教育的范畴。它是面向全体国民的教育,不应成为某一阶级、政党或宗教派别的工具而被垄断。这就是义务教育的公共性。这种公共性表现在以下方面:(1)从事义务教育的学校和教师具有公共和公务性质,其工作对国家负责,对全体国民负责。(2)义务教育是公共事业，应以国家办学为主，同时鼓励社会等其他各方面办学并应尽相应的义务。(3)国家对实施义务教育进行有效的监督和管理，而不是放任自流。(4)教育与宗教相分离，使教育摆脱教会势力的控制，成为世俗性的公共事业。我们强调全社会尊师重教，维护中小学教师的合法权益，其根本原因就在于义务教育的公共性。

4. 义务教育具有免费性

义务教育的免费性是指国家对接受义务教育的学生免除其全部或大部分的就学费用。世界上大多数国家的义务教育都实行免费，免费性是义务教育的基本特征之一。《义务教育法》第二条规定："实施义务教育，不收学费、杂费。"我国原《义务教育法》第十条规定："国家对接受义务教育的学生免收学费。"可根据有关规定适当收取杂费。免收学费，实际上已经免除了接受义务教育学生的大部分费用，体现了义务教育免费性的特征。值得一提的是，我国政府为落实《义务教育法》，已于 2005 年 12 月 24 日和 2008 年 8 月 12 日分别颁布实施了《国务院关于深化农村义务教育经费保障机制改革的通知》和《国务院关于做好免除城市义务教育阶段学生学杂费工作的通知》，从 2008 年秋季学期起，全国城乡全部免除了义务教育阶段的杂费，义务教育真正实现了免费。

二、义务教育的主体

义务教育实施的主体，是指由《义务教育法》规定，在实施义务教育中享有一定权利和承担一定义务的组织或个人，通常包括国家(政府)、家庭、学校、社会、适龄儿童和少年等。

(一)国家在实施义务教育中的职责

国家作为义务教育的主体，是指国家机构，主要指各级人民政府及其有关部门。

国家在实施义务教育中的主要职责有：国家将义务教育全面纳入财政保障范围，建立义务教育保障机制；国务院和县级以上地方人民政府应当合理配置教育资源，促进义务教育均衡发展；完善义务教育管理体制，实行国务院领导，省、自治区、直辖市人民政府统筹规划实施；人民政府教育督导机构对义务教育工作进行督导，督导报告向社会公布；地方各级人民政府应当保障适龄儿童、少年在户籍所在地学校就近入学，组织和督促适龄儿童、少年入学，采取措施防止适龄儿童、少年辍学；对本行政区域内因身体原因要延缓入学或者休学的进行审批，县级人民政府教育行政部门对本行政区域内的军人子女接受义务教育予以保障，对自行实施义务教育的个人进行审批；县级以上地方人民政府按照国家有关规定，制定、调整学校设置规划，根据需要设置寄宿制学校、设置实施特殊教育的学校（班），在经济发达地区设置接收少数民族适龄儿童、少年的学校（班）；县级以上人民政府及其教育行政部门不得以任何名义改变或者变相改变公办学校的性质；各级人民政府及其有关部门要为学校提供安全保障；县级人民政府教育行政部门依法聘任义务教育学校校长；国家建立统一的义务教育教师职务制度；各级人民政府保障教师工资福利和社会保险待遇，完善农村教师工资经费保障机制；县级以上人民政府应当采取措施发展教师教育；国家规定教育教学基本质量要求，实行教科书审定制度；负有领导责任的人民政府或者教育行政部门负责人，对违反《义务教育法》的重大事件，妨碍义务教育实施，造成重大社会影响的，应当引咎辞职；各级人民政府及其有关部门按照有关规定，对在义务教育实施工作中做出突出贡献的社会组织和个人，给予表彰、奖励。

（二）社会在实施义务教育中的权利和义务

社会作为实施义务教育的主体，是指社会组织和个人。社会组织主要包括企业、事业单位和社会团体等。

社会在义务教育中承担的权利、义务主要有:(1)任何组织和个人有权就违反《义务教育法》的行为,向有关国家机关提出检举和控告。(2)依法举办民办学校实施义务教育。(3)居民委员会和村民委员会协助政府做好工作,督促适龄儿童、少年入学。经批准招收适龄儿童、少年进行文艺、体育等专业训练的社会组织,应当保证所招收的适龄儿童、少年接受义务教育。(4)禁止用人单位招用应当接受义务教育的适龄儿童、少年。(5)维护学校的权益,不得扰乱教学秩序,不得侵占、破坏学校场地及房屋设备。社会应当尊重教师,改善教师的物质待遇。(6)国家鼓励社会组织和个人向义务教育捐赠,鼓励按照国家有关基金会管理的规定设立义务教育基金。(7)任何组织和个人不得侵占、挪用义务教育经费,不得向学校非法收取或者摊派费用。

(三)学校在实施义务教育中的权利和义务

在我国,承担义务教育任务的学校是指对适龄儿童、少年实施初等教育和初级中等教育的,由地方人民政府设置或批准设置的全日制小学、全日制普通中学、九年一贯制学校,初级中等职业技术学校,特殊学校以及工读学校等教育机构。学校的义务主要有:

(1)尊重和保障适龄儿童、少年享有接受义务教育的权利。学校应当依法接纳其就近免试入学,不得开除或勒令接受义务教育适龄儿童、少年退学,不得拒收依法应入本校的适龄儿童、少年就学,采取有效措施防止学生辍学、失学,对于违法或者轻微犯罪的适龄儿童、少年应按有关规定送工读学校学习。

【案例】 叶某,某乡小学五年级学生,父母均长年在外地工作,由他的爷爷奶奶照顾。由于爷爷奶奶年事已高,没有太多精力去管教,又过分宠爱孩子,使得叶某非常任性,常常欺侮同学,有时连老师也敢骂,是学校出名的"小霸王"。

学校老师对其多次批评教育，叶某置若罔闻，学校先后给予其警告、严重警告和记过处分，但都没有效果，叶某反而变本加厉。经大家一致要求，学校做出开除叶某决定。

【点评】 叶某是小学生，理应接受义务教育，学校无权开除他。叶某可通过其父母向当地教育行政部门申诉或向当地人民法院提起诉讼，以维护自己的受教育权。

(2)学校建设，应当符合国家规定的办学标准，适应教育教学需要；应当符合国家规定的选址要求和建设标准，确保学生和教职工安全。

(3)学校应当按照规定标准开展教育教学工作。主要包括以下几个方面：一是实施素质教育的要求。二是课程设置。当前课程设置包括国家课程、地方课程和学校课程。学校应当按照国家课程设置和本地课程实施方案，开设并开齐课程。三是教材选用。学校不得使用未经审定的教科书。四是课时要求。学校组织开展教学活动应当开齐课程，保证课时，以达到完成教育教学任务和保证教育教学质量的目的。五是学校应当按照教育教学管理要求和教育教学规范组织教学和实施管理。

(4)学校应当建立、健全安全制度和应急机制，不得聘用曾经因故意犯罪被依法剥夺政治权利或者其他不适合从事义务教育工作的人担任工作人员。

(5)学校不得违反国家规定收取费用，不得以向学生推销或者变相推销商品、服务等方式谋取利益。

(6)学校的教师在教育教学中应当平等对待学生，关注学生的个体差异，因材施教，促进学生的充分发展。教师应当尊重学生的人格，不得歧视学生，不得对学生实施体罚、变相体罚或者其他侮辱人格尊严的行为，不得侵犯学生的合法权益。

【案例】 2011 年 11 月 8 日是立冬，当地气温突然下降了十几度。江西省进贤二中初中部四楼及五楼的楼道上坐满了参加期中考试的初三年级“差生”。原因是，班里同学太多，而考试又必须让学生隔开一定的距离，所以才安排这些平时学习较差、偶尔调皮捣蛋的学生在外面吃点苦，让他们懂得学习的艰辛。孩子们在瑟瑟寒风中考试，脸蛋冻得通红。

【点评】 教师安排学生到走廊考试，严重违背了教育公平的原则，是对学生缺乏爱心的表现。

(7)学校应当把德育放在首位，寓德育于教育教学之中。

学校应当对修完规定年限的义务教育的学生发给完成义务教育的证书。学校不得将校舍、场地出租、出让或者移作他用，妨碍义务教育的实施。学校要自觉接受当地人民政府及教育主管部门的管理、指导和监督。

承担义务教育任务的学校在履行以上义务的同时，还享有以下几项基本权利：第一，要求当地人民政府和办学部门依法增拨教育经费，改善办学条件，达到办学标准。第二，根据实际情况，有计划地对学生进行职业培训教育和就业预备教育，或者劳动技艺教育。第三，学校作为事业法人，享有对其占有土地的使用权和对校舍、设备、桌椅、仪器等的所有权或占有、使用权。第四，学校有权抵制违反《义务教育法》的措施，有权抵制妨碍义务教育实施的各种社会摊派。

(四)家庭在实施义务教育中的权利和义务

家庭作为义务教育的主体，是指父母或者其他法定监护人。家庭的主要义务就是依法保证适龄儿童、少年按时入学接受并完成义务教育，包括两方面内容：第一，保证其适龄被监护人按时入学接受义务教育。即监护人应当将符合入学年龄的被监护人在新学年开学时送往依法设置的实施义务教育的学校，履行入学的报名、学籍注册等入学手续。第二，保证其适龄被监护人完成义务教育。监护人应当为被监护人提供接受义务教育必需的物品，如教科书、纸、笔、书包等，对寄宿制的被监护人还要提供必要的生活费用。监护人不能让被监护人中途辍学。监护人不履行监护职责或者侵害被监护人的合法权益的，应当承担责任。

同时，家庭作为义务教育实施的主体，享有以下三项权利：为其适龄子女或其他被监护人申请就学的权利；为其适龄子女或其他被监护人申请助学金的权利；对于妨碍、侵害其适龄子女或其他被监护人接受义务教育权利的单位和个人，有提起诉讼的权利，对有关处罚决定不服，有提起行政复议和行政诉讼的权利。

（五）适龄儿童、少年在实施义务教育中的权利和义务

适龄儿童、少年作为接受义务教育的主体，应履行的义务有：按时入学，修完规定年限的义务教育；如需转学，或者因生理原因需免学的，必须由其法定监护人代行向有关机关申请登记；遵守校纪校规，完成义务教育的学习任务，不能有逃学或无故旷课、辍学等行为，违者将受到学校的纪律处分或处罚。

适龄儿童、少年享有的权利有四个方面：申请、获得助学金的权利；因身体原因或其他特殊情况，可以申请缓学、休学；按照有关规定，可以到非户籍所在地的地区接受义务教育，申请借读；完成规定年限义务教育，包括因成绩优异而提前达到相应的毕业或结业标准的可以要求学校发给毕业证书或结业证书。

三、义务教育的保障

（一）经费保障

经费保障是发展义务教育的基础。《义务教育法》在第六章“经费保障”中规定了义务教育经费保障的具体措施：

第一，是对义务教育经费保障提出了明确目标。《义务教育

法》规定，国务院和地方各级人民政府应将义务教育经费纳入财政预算，按照教职工编制标准、工资标准和学校建设标准、学生人均公用经费标准等，及时足额拨付义务教育经费，确保学校的正常运转和校舍安全，确保教职工工资按照规定发放。各级政府应当确保义务教育经费"三增长"，即：用于实施义务教育财政拨款的增长比例应当高于财政经常性收入的增长比例，保证按照在校学生人数平均的义务教育费用逐步增长，保证义务教育教职工工资和学生人均公用经费逐步增长。

第二，明确义务教育经费投入体制和来源。《义务教育法》规定，中央政府和地方各级人民政府应当根据各自的职责和财政收入情况共同承担义务教育经费投入的责任，强调了省级人民政府统筹实施义务教育的作用，进一步完善了我国义务教育"以县为主"的管理体制。同时还规定，农村义务教育所需经费，由各级人民政府根据国务院的规定分项目、按比例分担；各级人民政府对家庭经济困难的适龄儿童、少年免费提供教科书并补助寄宿生生活费；国务院和县级以上地方人民政府根据实际需要，设立专项资金，扶持农村地区、民族地区实施义务教育。国家还鼓励社会组织和个人向义务教育捐赠，鼓励按照国家有关基金会管理的规定设立义务教育基金。

第三，规范义务教育经费的使用和管理。提高经费使用效益。《义务教育法》规定，地方各级人民政府在财政预算中将义务教育经费单列，义务教育经费严格按照预算规定用于义务教育，县级以上人民政府建立健全义务教育经费的审计监督和统计公告制度。

(二)校舍保障

学校是实施义务教育的主要场所。《义务教育法》在第三章"学校"专章中采取多项措施，加强了对义务教育学校的管理与规范。《义务教育法》规定，县级以上地方人民政府根据本行政区域内居住的适龄儿童、少年的数量和分布状况等因素，制定、调整学校设置规划，合理设置学校，保障适龄儿童、少年就近入学。新建居民区需要设置学校的，应当与居民区的建设同步进行。国务院教育行政部门和省、自治区、直辖市人民政府根据需要，在经济发达地区设置接收少数民族适龄儿童、少年的学校（班）；县级以上地方人民政府为视力残疾、听力语言残疾和智力残疾的适龄儿童、少年设置相应的实施特殊教育的学校（班）；为具有《预防未成年人犯罪法》规定的严重不良行为的适龄少年设置专门学校。县级以上地方人民政府还要定期对学校校舍安全进行检查；及时予以维修、改造。

（三）师资保障

教育大计，教师为本，提高教育质量，关键靠教师。《义务教育法》第四章“教师”中，结合义务教育的特点对学校教师的来源、任职要求、职务、待遇及社会保障等做了有针对性的规定。国务院和地方各级人民政府鼓励和支持城市学校教师和高等学校毕业生到农村地区、民族地区从事义务教育工作。国家鼓励高等学校毕业生以志愿者的方式到农村地区、民族地区缺乏教师的学校任教。县级人民政府教育行政部门依法认定其教师资格，其任教时间计入工龄。国家建立统一的义务教育教师职务制度，全社会应当尊重教师。教师的平均工资水平应当不低于当地公务员的平均工资水平。

（四）教学保障

《义务教育法》第五章“教育教学”中对义务教育学校的教学做了规定，具体如下：国务院教育行政部门根据适龄儿童、少年身心发展的状况和实际情况，确定教学制度、教育教学内容和课程设置,改革考试制度,并改进高级中等学校招生办法,推进实施素质教育。学校和教师按照确定的教育教学内容和课程设置开展教育教学活动,保证达到国家规定的基本质量要求。国家鼓励学校和教师采用启发式教育等教育教学方法,提高教育教学质量。国家实行教科书审定制度。教科书的审定办法由国务院教育行政部门规定。教科书由国务院价格行政部门会同出版行政部门按照微利原则确定基准价。省、自治区、直辖市人民政府价格行政部门会同出版行政部门按照基准价确定零售价。教育行政部门对学校的教育教学质量进行监测。

第四节 违反《义务教育法》的法律责任

法律责任,是行为人对自己实施的违法行为所应当承担的带有强制性的否定性的法律后果。违法行为应承担法律责任,包括行政法律责任、民事法律责任和刑事法律责任。义务教育的法律责任,就是人们对违反《义务教育法》的行为所必须承担的法律后果。《义务教育法》第七章"法律责任",共10条规定了违反义务教育管理制度的行为要承担的法律责任,主要是行政责任和刑事责任。

刑事责任是指由刑事违法行为所导致的受刑罚处罚的法律责任,只能由审判机关来认定和追究,是最严厉的一种法律责任。构成违反《义务教育法》的犯罪行为,主要包括:(1)截留、克扣、挪用、贪污义务教育经费的行为,不构成犯罪的,依法给予行政处分;构成犯罪的,要依据《刑法》规定的贪污罪和挪用公款罪追究刑事责任。(2)国家机关工作人员在义务教育实施工作中滥用职权、玩忽职守、徇私舞弊的行为,不构成犯罪的,依法给予行政处分;有违法所得的,给予没收违法所得的行政处罚;构成犯罪的,要依据《刑法》规定追究刑事责任。(3)学校或教师侵害学生权益的,如对学生实施体罚,方式包括殴打、非法拘禁等,以及以各种方式侮辱学生,造成严重后果,构成犯罪的,要依据《刑法》规定的故意伤害罪、非法拘禁罪和侮辱罪追究刑事责任。除了上述三类犯罪,对于其他违反《义务教育法》的违法行为,构成犯罪的,也要依法追究刑事责任。

行政责任是指行政违法行为的法律责任,主要是职务或管理上的责任,它分为职务过错责任和行政过错责任。前者是指国家工作人员在执行公务中滥用职权或违法失职行为而承担的法律责任。后者是指行政管理相对人违反行政管理法规而承担的法律责任。行政责任的追究方式主要有通报批评、行政处分和行政处罚等。

各种违法行为所涉及的主体,既包括各级人民政府及其教育行政部门等有关部门,也包括学校、教师、法定监护人及用人单位等各类社会组织和个人。根据责任主体的不同,可以把违反《义务教育法》的法律责任分为以下几种。

一、国家行政机关及其工作人员的法律责任

实施义务教育,首先是政府的责任。行政机关及其工作人员的法律责任主要在以下几个方面:

第一,重大领导责任。发生违反《义务教育法》的重大事件,妨碍义务教育实施,造成重大社会影响的,负有领导责任的人民政府或者人民政府教育行政部门负责人应当引咎辞职。

第二,违反经费保障职责的法律责任。国务院有关部门和地方各级人民政府未履行上述义务教育经费保障职责,所应承担的法律责任主要是由国务院有关部门或上级人民政府责令限期改正;情节严重的,对直接负责的主管人员和其他直接责任人员依法给予行政处分。

第三，违反学校建设要求的责任。《义务教育法》规定，县级以上地方人民政府有下列情形要依法追究法律责任，包括：(1)未按照国家有关规定，制定、调整学校设置规划；(2)学校建设不符合国家规定的办学标准、选址要求和建设标准；(3)未定期对学校校舍安全进行检查，并及时维修、改造；(4)未依照《义务教育法》规定均衡安排义务教育经费。县级以上地方人民政府有以上四种情形之一的，需要承担的法律责任包括：由上级人民政府责令限期改正；情节严重的，对直接负责的主管人员和其他直接责任人员依法给予行政处分。

第四，违反义务教育均衡发展原则的责任。县级以上人民政府未按照《义务教育法》规定均衡安排义务教育经费的，由上级人民政府责令限期改正；县级以上人民政府及其教育行政部门将学校分为重点学校和非重点学校，或改变或者变相改变公办学校性质的，由上级人民政府或者其教育行政部门责令限期改正、通报批评；情节严重的，对直接负责的主管人员和其他直接责任人员依法给予行政处分。

第五，对适龄儿童、少年就学组织不力的责任。县级人民政府教育行政部门和乡镇人民政府未采取措施组织和督促适龄儿童、少年入学或者防止辍学的，由上级人民政府或者其教育行政部门责令限期改正、通报批评；情节严重的，对直接负责的主管人员和其他直接责任人员依法给予行政处分。

第六，违反教科书审定制度的责任。国家机关工作人员和教科书审查人员参与或者变相参与教科书编写的，由县级以上人民政府或者其教育行政部门根据职责权限责令限期改正，依法给予行政处分；有违法所得的，没收违法所得。

二、学校及其有关人员的法律责任

《义务教育法》第五十五条、第五十六条、第五十七条对学校及其有关人员的违法情形做了规定，其中第五十五条是指引性条款，即凡违反《教育法》、《教师法》规定的，依照《教育法》、《教师法》有关规定处罚，另两条共设置了六种违法情形。(1)违反规定收费；(2)推销商品、服务谋取利益；(3)拒绝接受残疾儿童、少年入学；(4)分设重点与非重点班；(5)违反规定开除学生；(6)选用未经审查的教科书。

对学校、教师违法行为的追究一般也实行两罚制，即由上级责令限期改正、有违法所得的，予以没收，情节严重的给予直接负责的主管人员和其他直接责任人员行政处分。

【案例】 2006年3月的一天，某中学初一学生王某由于未交100元“补课费”，被校长点名留下，校长对王某与其余60名同学进行了“批评教育”。之后，在某日晚自习上，班主任老师在课堂上催促王某交“补课费”，并称如不交，以后就不用来上晚自习了。王某觉得自尊心受到伤害，由于自己确实把父母给他交补课费的钱花掉了一部分。于是他向老师撒谎称父母不在家，没拿到钱。班主任老师不相信他的话，并决定到王某家家访。在去王某家的途中，老师碰到了王某的母亲，王某的谎言被戳穿，当晚王某一回家，即遭到了父母的严厉责备。王某一时想不通，晚上10时许，突然从自家二楼阳台跳下，摔伤致残，为此造成经济损失78759.84元。王某伤残后，父母认为正是因为学校乱收费导致王某打算自杀，跳楼摔伤，学校应当承担全部责任，赔偿王某的所有损失。学校认为，补课收费并无不当，学生家长应当为其疏忽自担责任。由于双方达不成一致意见，王某父母将学校告上法庭，要求学校承担全部损失。法院经审理，最后判决学生家长承担主要责任，学校承担次要责任，赔偿30%的经济损失，共计23628元。

【点评】 此案件中，学校收取所谓的“补课费”侵犯了学生和家长的财产权。学校收费和教育方法不当是造成学生残疾的诱因,家长和王某的心胸狭隘是造成王某跳楼的主要原因。

三、家庭的法律责任

适龄儿童、少年的父母或者其他法定监护人无正当理由未按照《义务教育法》规定送适龄儿童、少年接受义务教育的,由当地乡镇人民政府或县级人民政府教育行政部门给予批评教育,责令限期改正。

四、其他有关社会组织与个人的法律责任

任何组织和个人侵占、挪用义务教育经费的,或向学校非法收取或者摊派费用的,由上级人民政府或者上级人民政府教育行政部门、财政部门、价格行政部门和审计机关根据职责分工责令限期改正;情节严重的,对直接负责的主管人员和其他直接责任人员依法给予处分。任何组织和个人有胁迫或者诱骗应当接受义务教育的适龄儿童、少年失学、辍学的,非法招用应当接受义务教育的适龄儿童、少年的,出版未经依法审定的教科书的,将依照有关法律、行政法规的规定予以处罚。

第五节　安徽省《义务教育法》实施办法

2011 年 10 月 22 日,《安徽省实施〈中华人民共和国义务教育法〉办法》(以下简称《实施办法》)经安徽省第十一届人民代表大会常务委员会第二十八次会议修订,自 2012 年 1 月 1 日起施行。

一、《实施办法》修订的背景

1986 年 7 月,我国开始依法实施九年制义务教育。1987 年 4

月29日，安徽省第六届人民代表大会第五次会议通过了《实施办法》，1997年11月2日，安徽省第八届人民代表大会常务委员会第三十四次会议对《实施办法》做个别词句修正。

2006年，新修订的《义务教育法》将义务教育全面纳入财政保障范围，将素质教育上升为法律规定，将促进义务教育均衡发展作为方向要求。这些重大调整，需要修订原有的实施办法。同时，安徽省义务教育发展的条件、环境，以及各方面的需求都发生了很大变化：一方面义务教育改革发展的方针政策需要上升为地方立法，另一方面义务教育发展中的问题也需要地方立法加以规范。2006年底安徽省通过国家验收，全面实现普及九年义务教育。截至2010年底，全省小学适龄儿童入学率达99.93%，初中适龄人口入学率达99.22%。在推进义务教育均衡发展的实践中，安徽省取得了一系列成功经验，产生了一些先进典型，如铜陵市推进义务教育均衡发展的经验在全国产生广泛影响，合肥市、铜陵市、界首市被教育部授予“全国义务教育均衡发展工作先进地区”。安徽省的义务教育在发展中也存在以下亟待解决的问题：城乡之间、区域之间、校际之间义务教育的差距还较为明显；流动人口子女接受义务教育的保障条件还不充分；补习班和补课过多的问题仍然存在，学生课业负担过重的问题尚未得到有效解决等。

为了全面贯彻新修订的《义务教育法》及国家和安徽省中长期教育改革发展规划纲要精神，为了推进安徽省义务教育健康发展和教育强省建设，安徽省教育厅起草了《安徽省实施〈中华人民共和国义务教育法〉办法（修订草案送审稿）》，送审稿经过多次修订，形成了《安徽省实施〈中华人民共和国义务教育法〉办法（修订草案）》。2011年10月，安徽省第十一届人民代表大会常务委员会第二十八次会议通过并颁布《安徽省实施〈中华人民共和国义务教育法〉办法》。

二、新修订的《实施办法》的主要内容

原《实施办法》共8章45条，新《实施办法》共9章49条，根据新《义务教育法》增加了一章“教育教学”，将原“监督和考核”章改为“教育督导”章，《实施办法》包括总则、分则、附则三部分。新修订的《实施办法》的主要内容包括：

（一）明确实施义务教育的政府责任，完善义务教育管理体制

《实施办法》第三条规定：“本省义务教育实行省人民政府统筹规划实施，设区的市人民政府组织协调，县级人民政府为主管理的体制。”为了完善省统筹、县为主的义务教育管理体制，结合我省实际，《实施办法》做了以下规定：(1)设区市的市级人民政府在义务教育实施中对学校布局、学区划分、资源配置等方面的协调职责，从而使县、市、省三级政府的义务教育责任更加明确。(2)规定了乡（镇）人民政府保障适龄儿童少年入学、维护学校周边秩序等职责。(3)实行农村义务教育学校学区管理制度。(4)加强对农村学区内义务教育资源的统筹管理，重大事项实行民主决策、民主管理和民主监督，促进农村义务教育学校均衡发展。

（二）促进义务教育均衡发展

《实施办法》第四条规定：“县级以上人民政府应当将义务教育纳入国民经济和社会发展规划，合理配置教育资源，促进城乡之间、区域之间、学校之间义务教育均衡发展，保障适龄儿童、少年接受义务教育。”

为了缩小城乡间、区域间、校际间义务教育的差距，保障适龄儿童、少年平等接受义务教育，《实施办法》做了以下规定：(1)保障不同群体的适龄儿童、少年平等接受义务教育。对适龄儿童、

少年在户籍所在地接受义务教育的，实行免试就近入学；对进城务工人员随迁子女，县级人民政府教育行政部门统筹安排就近入学；对农村留守儿童，县级以上人民政府应当建立留守儿童关爱体系，保障农村留守儿童接受义务教育；对残疾的适龄儿童、少年，按照国家规定设置特殊教育学校，在普通学校设置特殊教育班，或者在普通学校随班就读，保障其接受并完成义务教育。明确“特殊教育学校(班)学生人均公用经费标准应当不低于普通学校学生人均公用经费标准的五倍”。(2)均衡配置教育教学设施。县级以上人民政府应当根据城乡发展规划和人口变动状况，合理布局中小学校；县级以上人民政府及其教育行政部门负责推进义务教育学校标准化建设，合理配置资金、教师、仪器、设备、图书等资源。(3)均衡配置师资。在教师职称评定、培养培训、骨干选拔等方面向农村学校和城镇薄弱学校倾斜；实行教师交流制度，实施城乡学校结对帮扶，加强薄弱学校师资建设；实行校长任期制和定期交流制。(4)完善和规范财政转移支付制度。支持和引导各级人民政府增加对义务教育的投入，支持革命老区、山区、库区、行蓄洪区等贫困地区以及皖北地区教育事业发展和城镇薄弱学校发展。新增义务教育经费主要用于农村义务教育。

（三）促进教师队伍建设

《实施办法》规定：定期组织教师培训，提高教师素质，按照规定落实教师继续教育经费；各级人民政府应当保障教师的工资福利和社会保险待遇，将符合条件的教师住房纳入地方保障性住房建设规划，根据需要建设农村学校教师周转宿舍；教师应当遵守教师职业道德规范，依法履行教育教学职责等，建立教师绩效考核制度、退出机制。

【案例】 安徽黟县宏潭乡毛田村地处偏僻，交通闭塞，经济落后。1971年，21岁的汪来九从徽州师范学校毕业后，被分配到这座大山里的小学任教。由于群众居住分散，人口稀少，毛田小学只能配备一名教师。面对破旧的校舍以及独自一人的孤寂，从深山走出的他深知农村孩子对知识的渴望和走出大山的梦想，没有一句怨言，没提任何条件，毅然愉快地担负起该小学的教学工作，同时给1～6个年级的学生和学前班幼儿上课，语文、数学、自然、音乐和体育无一或缺，而这一坚持就是四十余载。迄今为止，毛田小学没有一个学生辍学，全部完成了小学6年的课程。

【点评】 汪来九老师几十年扎根农村小学，将无私的爱献给了学生，是对教师师德的诠释，是教师学习的榜样。

（四）推进素质教育实施

为了全面推进素质教育，《实施办法》做出以下规定：(1)规范教师补课行为。鼓励教师对学习成绩暂有差距的学生无偿进行个别辅导。教师不得组织或者参与对学生的有偿补习活动，不得利用法定节假日和课余时间组织学生集体补课。(2)推进教学内容与方式、考试、招生、评价制度等改革，完善义务教育质量评价体系。(3)严格执行课程方案，合理布置作业，保障学生的课外活动时间和锻炼时间。《实施办法》规定："县级以上人民政府及其教育行政部门应当为学校配齐音乐、美术、体育、实验等学科教师和相应的教育教学设备。"学校和教师"不得挤占音乐、体育、美术、实验等课时"，"应当合理布置作业，保证学生的课外活动时间，组织开展文化娱乐等课外活动；保证学生在校期间每天至少参加一小时的体育锻炼活动"。(4)公共文化设施和校外教育场所，应当对学生实行免费或优惠开放，为学校实施素质教育提供便利。(5)规范教辅资料征订行为。任何单位和个人不得以任何形式强制学校、教师订购教辅材料或者报刊，学校、教师不得以任何形式强制学生订购教辅材料或者报刊。

（五）保障义务教育经费

为保障义务教育经费，《实施办法》做了以下规定：将义务教育全面纳入财政保障范围；在分配义务教育转移支付时，适当向办学经费困难的农村地区、贫困地区倾斜；县级以上人民政府应当将地方教育附加、教育费附加和从土地出让收益中计提的教育资金纳入教育部门预算管理，按规定用于改善义务教育学校办学条件；县级以上人民政府应当确保义务教育经费及时足额拨付、专款专用，并向本级人民代表大会常务委员会报告义务教育经费的决算情况；县级以上人民政府应当建立义务教育经费的审计监督和统计公告制度，提高经费的使用效益。

（六）健全教育督导制度

《实施办法》将教育督导单列一章，从督导机构和督学队伍建设、督导机构职责范围、督导检查结果运用等三个方面进行规定，将安徽义务教育督导实践中的成功做法上升为地方性法规，为充分发挥教育督导的督政、督学职能提供了法律保障。

三、《实施办法》的贯彻落实

《实施办法》是落实《义务教育法》、保障九年义务教育、提高教育质量、促进人的全面发展的重要的地方性法规，是我省各级人民政府以及教育系统在义务教育阶段依法行政、依法治教的重要法律依据。

各级政府及有关部门要把《实施办法》落到实处，应做好以下几个方面的工作：第一，认真学习、全面理解《实施办法》的重要意义和深刻内涵。义务教育学校和教师、企事业单位等社会组织、适龄儿童少年及其父母都应当加强对《实施办法》的学习，明确自己的权利和义务，切实保障适龄儿童、少年接受义务教育。第二，坚持贯彻国家的教育方针，实施素质教育，提高教育质量。各级政府和教育行政部门要进一步提高对素质教育的认识，提高教师素质，将素质教育贯穿义务教育阶段的全过程。第三，切实推进我省义务教育均衡发展。第四，依法落实义务教育公共财政经费保障体制。第五，加强对义务教育的监督检查。各级政府应当完善教育督导制度、义务教育经费的审计监督和统计公告等制度，明确督导主体、明晰督导的职责和内容、把义务教育管理和监督工作落到实处。

【本章小结】

本章介绍了《义务教育法》的制定和修订、基本原则、基本制度、主要内容、违反《义务教育法》的法律责任，同时还详细介绍了安徽省实施《义务教育法》办法。各级政府、学校、教师等都应当认真学习并严格遵照《义务教育法》及其实施办法，保障基础教育健康发展。

【复习思考题】

1. 义务教育的内涵和特点。

2. 如何确保义务教育均衡发展。

3. 实施义务教育的学校能否勒令适龄学生退学？为什么？

4. 如何贯彻落实《安徽省实施〈中华人民共和国义务教育法〉办法》。

第三章　教师法

《中华人民共和国教师法》(以下简称《教师法》)于 1993 年 10 月 31 日经第八届全国人民代表大会常务委员会第四次会议审议通过,自 1994 年 1 月 1 日起正式实施。该法共有 9 章 43 条,是我国历史上第一部专门为教师制定的法律。它第一次以法律的形式确定了教师在我国社会主义现代化建设中的地位和作用,并对教师的权利和义务、资格和任用、培养和培训、考核、待遇、奖励、法律责任等方面的内容做出了全面、具体的规定。它是我国教师队伍建设走向规范化、法制化道路的根本保证。《教师法》的颁布与实施,对完善我国的教育法制建设、加快我国教育事业的改革和发展,都具有十分重要的作用。

第一节　《教师法》概述

一、《教师法》的立法宗旨

《教师法》以教师为立法对象,把国家尊师重教的方针上升为法律,体现了全国人民的共同愿望和意志。《教师法》的第一条就对《教师法》的立法宗旨做了明确规定,其内容主要包括以下三个方面:

(一)保障教师的合法权益

教师在社会上具有双重角色:其一是国家公民;其二是教师。因此保障教师的合法权益,就要做到既要保障教师与职业相联系的特定权利,也要保障教师作为一般公民的权利。《教师法》的颁布,在法律上明确规定了教师的权利和义务,规定了政府、学校、各行各业及公民尊师重教、保护教师合法权益的职责,规定了侵害教师合法权益的法律责任,对运用法律手段有效保护教师自身的合法权益,具有重要的现实意义。

(二)加强教师队伍建设

振兴民族的希望在教育,振兴教育的希望在教师。建设一支具有良好思想品德修养和业务素质的教师队伍,是搞好社会主义教育事业的关键。但多年来教师队伍的建设未形成一套有效的机制,在许多方面无法可依,这种状况影响了教师队伍的发展和稳定。《教师法》的制定,使全面提高教师素质有了一整套措施及制度,使教师队伍建设走上规范化、法制化轨道。

(三)促进教育事业的发展

教育事业的发展,是实现我国现代化的关键所在。制定《教师法》,可以有效地维护和保障教师的合法权益,加强教师队伍的建设,对于促进我国教育事业的发展和繁荣,落实教育的战略地位,深化教育体制改革,建设有中国特色社会主义教育体系,都有着重要的作用。

二、《教师法》的适用对象

《教师法》的适用对象,理所当然指的是教师。《教师法》第二条规定:“本法适用于各级各类学校和其他教育机构专门从事教育教学工作的教师。”

过去,“教师”是学校中从事教育教学工作人员的总称。而《教师法》则赋予了教师以特定的含义。《教师法》第三条规定:“教师是履行教育教学职责的专业人员,承担教书育人,培养社会主义事业建设者和接班人,提高民族素质的使命。”根据这一规定,法律意义上的“教师”是指在各级各类学校和其他教育机构履行教育教学职责的专业人员。对于《教师法》中对教师的表述,我们应从三个方面来把握:

(一)教师是一种专业人员

我国,“专业人员”是指具有某种专业知识、技能,经政府认定许可,从事某种专门职业活动的人员。同医生、律师、会计等一样,教师是从事专门职业活动的专业人员。因此,教师必须具备专门规定的从教资格,符合特定要求。从专业角度说,做一名教师应具备:一是相应的学历;二是相应的专业知识;三是要符合与其职业相称的其他有关规定。对于本职工作不是教师,而临时到学校承担一些教学任务的人员,则不能视为教师。

(二)教师是履行教育教学职责的专业人员

这是教师与其他专业人员的根本区别之所在。只有直接承担教育教学工作职责的人,才具备法律意义上的教师最基本的条件。教书育人是教师的职责。因此,对于在学校中不直接从事教育教学工作,未履行教育教学职责的行政管理人员、校办企业人员、教学辅助人员以及后勤服务人员等,则不能视为教师,而把他们称为“教育职员”或列入其他相应的专业技术职务系列。

(三)教师必须从教于各级各类学校或其他教育机构

这里的“各级各类学校”,是指实施学前教育、普通初等教育、普通中等教育、职业教育、普通高等教育以及特殊教育、成人教育的学校。这里所说的“其他教育机构”是指除学校以外的，经主管部门批准或认可，主要从事教育和培养人的活动的事业性组织，如少年宫、教研室、电化教育机构等。这一规定关系到广大教师的切身利益，即不论是在学校还是在其他教育机构从教的教师，不论是在公办学校还是在社会力量举办的学校从教的教师，都是《教师法》中所指的“教师”，其合法权益都受《教师法》的保护。

三、颁布《教师法》的意义

《教师法》是我国历史上第一部关于教师的法律。它的颁布和实施，对于我国教育事业的发展和教师素质的全面提高有着重大的现实意义。

（一）《教师法》的颁布和实施，有利于教师维护自身的合法权益

我国现有教师1100多万，他们承担着为现代化建设培养建设者和接班人的历史重任。过去，由于种种原因，教师受到了不公正的待遇。在一些地方，歧视、辱骂、殴打教师的现象屡有发生，为了稳定教师队伍，吸引优秀人才从事教育教学工作，我们必须提高教师的待遇和地位，保障教师的合法权益不受侵犯。而这一切仅靠社会舆论和个别领导人的认识提高是实现不了的，必须采取法律手段。《教师法》的颁布和实施，使教师们有了维护自己合法权益的法律武器。

（二）《教师法》的颁布和实施，有利于教师队伍的建设和管理

《教师法》中对教师的思想品德和业务素质的要求，使得教师队伍的建设有了明确的目标。对教师队伍的管理做到了有法可依。过去，国家对教师队伍的管理主要依靠一些政策和制度，这

些政策和制度由于缺乏法律效力，因而没有强制性，使得对教师队伍的管理具有很大随意性，因人而异，因时而异，因地而异。《教师法》的颁布和实施，确立了有关教师队伍建设的一整套法律制度，建立了比较完善的现代化的教师管理机制，既为教师队伍管理提供了基本的法律依据，又为教师管理工作改革指明了方向。

（三）《教师法》的颁布和实施，有利于形成尊师重教的社会风尚

我国自古就有尊师重教的优良传统。自从孔子兴学、传道、办教育以来，教师便在我国享有“圣人”、“先生”的尊称。古人云：“国将兴，必贵师而重傅；国将衰，必贱师而轻傅。”在当代社会，教师理应受到全社会的尊重。《教师法》以法律形式规定了全社会都要尊师重教，这对全社会进一步形成尊师重教的良好风尚，促进我国教育事业的发展乃至整个社会的进步，都将产生重大影响。

《教师法》的制定、颁布是重要的，但更重要的是要依法办事。各级政府首先要履行好法定的各项职责，社会各行各业也要为教师多办实事，多办好事。教师更应当依法执教，树立典范，从而使教师成为全社会最受人尊敬、羡慕的职业，使我国的教育成为蓬勃兴旺的千秋大业。

第二节　教师的权利和义务

在社会生活中，教师具有双重身份，教师既是履行教育教学职责的专业人员，同时也是社会公民中的一员。因此，教师既享有和承担宪法和法律赋予一般公民的权利和义务，同时又享有和

承担教师这一特定职业的权利和义务。《教师法》中所说的“教师的权利和义务”，则是针对后一种情况而言的。《教育法》第三十二条规定：“教师享有法律规定的权利，履行法律规定的义务，忠诚于人民的教育事业。”这是我国的教育基本法对教师权利和义务的原则规定。教师的具体权利和义务则体现在《教师法》第二章“权利和义务”之中。

一、教师的权利

教师的权利，是指由《教师法》所规定的、教师在教育教学过程中享有的权利，是国家对教师在教育教学活动中可以做出或者不做出一定行为的许可和保障。《教师法》第七条规定，我国教师的基本权利有教育教学权、科研权、指导评价权、获取报酬权、参与学校管理权、培训进修权等六项。具体如下：

（一）进行教育教学活动，开展教育教学改革和实验

这项权利可以简称为“教育教学权”，这是教师最基本的权利。这项权利包括三方面内容：（1）教师在教育教学活动中，有权依据其所在学校的教学计划、教学工作量及课程特点等具体要求，结合自身的教学特点自主组织课堂教学和开展其他教育活动；（2）教师有权按照教学大纲的要求，确定其教学内容和进度，并可根据教学需要，补充新的内容，完善教学内容；（3）教师有权针对不同的教育教学对象，在教育教学形式、方法、具体内容等方面进行改革、实验，并使之不断完善。教师在行使这一权利时，一定要注意把握住现代教育的时代特征，把知识教育和素质教育紧密结合起来。

不具备教师资格的人员，不享有此项权利；虽具备教师资格，但尚未受聘或已解聘的人员，此项权利的行使处于停顿状态。只有在聘教师才享有此项权利。非依法律规定，任何组织或个人都

不得非法剥夺在聘教师的这项法定权利，但合法的解聘或待聘，则不属于侵权行为。

(二)从事科学研究、学术交流，参加专业的学术团体，在学术活动中充分发表意见

这是教师作为专业技术人员享有的一项基本权利，是宪法规定的公民的基本权利的具体化。这项权利可简称为“科研权”或“学术活动权”。这项权利包括以下几个方面的内容：(1)教师在完成规定的教育教学任务的前提下，有权进行科学研究、技术开发、技术咨询等创造性劳动；(2)教师有权将自己在教育教学中的成功经验或专业领域的研究成果撰写成学术论文或著书立说；(3)教师有权参加有关学术交流活动，参加依法成立的学术团体，或在学术团体中担任社会兼职；(4)教师有权在学术活动中阐明自己的观点和充分发表意见，有权开展学术争鸣。

教师从事科学研究和参加学术交流活动对提高教师的业务素质和提高教育教学质量有很大的帮助。但应注意，教师的科学研究和学术活动，不能影响正常的教育教学秩序。中小学教师的学术活动最好是围绕提高教育教学质量这条主线进行。

(三)指导学生的学习和发展，评定学生的品行和学业成绩

这项权利可简称为“指导评价权”。这是教师在教育教学活动中居于主导地位而产生的基本权利，这项权利具体包括以下几方面内容：(1)教师有权依据学生身心发展的状况和特点，因材施教，有针对性地指导学生的学习，包括答疑解难，指导学生掌握正确的学习方法等；(2)教师有权针对学生的特长，采取正确的、科学的、适当的方法发展学生的个性和能力，并对学生的升学、就业、交友、为人处世、品行修养等予以指导；(3)教师有权对学生的品德、学习、社会活动、劳动、文体活动、师生关系、同学关系等方

面的表现做出公正的评价，并通过学期、学年、毕业考试及其他方式的考核对学生的学业成绩做出客观评价。

教师评定学生的品行和学业成绩应遵循实事求是、公平公正的原则，正确引导，注意调动学生的积极性。

（四）按时获取工资报酬，享受国家规定的福利待遇以及寒暑假期的带薪休假

这项权利可简称为“获取报酬权”或“报酬待遇权”。这是一项教师应享有的维持自身及家庭生存与发展不可剥夺的基本物质保障权利。其基本内容包括：(1)教师有权要求所在学校及其主管部门根据教育法律法规及其教师聘用合同等规定的标准，按时、足额支付工资报酬，包括基础工资、职务工资、岗位津贴、班主任津贴、课时报酬、教龄津贴及奖金等在内的工资性收入，对教师的上述工资报酬，不得随意拖欠和克扣；(2)教师有权享有国家规定的各种福利待遇，包括医疗、住房、退休等方面的待遇和优惠；(3)教师有权享有寒暑假期带薪休假的权利。

这项权利为教师个人及其家庭生活提供了基本的物质保障。

（五）对学校教育教学、管理工作和教育行政部门的工作提出意见和建议，通过教职工代表大会或者其他形式，参与学校的民主管理

这项权利可简称为“参与学校管理权”。这是教师参与教育教学管理的民主权利。其基本内容包括：(1)教师有权对学校和教育行政机关的工作提出批评和建议；(2)教师有权通过教职工代表大会或者其他形式，如“教师意见箱”、“校长接待日”、座谈会等方式，参与学校的民主管理，讨论学校的发展和改革等方面的重大问题。保证教师此项权利的行使，能够调动教师对教育教学工作的主动性和积极性，发挥教师的主人翁精神，集思广益，把学

校的各项工作做好。学校及其他教育机构负责人应积极创造条件,保障教师的这一权利得以充分行使。

(六)参加进修或其他方式的培训

这项权利可简称为“进修培训权”。这是教师享有的接受继续教育,不断获得进步和发展的基本权利。其基本内容主要包括:(1)教师有权参加进修和接受其他多种形式的培训,不断更新自己的知识、调整知识结构,提高自己的政治和业务素质,以保障教育教学质量;(2)教师有权参加达到法定学历标准和达到高一级学历水平的进修或以拓宽知识面为主的继续教育培训等;(3)教师参加进修或培训,可以由学校或者教育主管部门根据工作需要统一安排,也可以由教师根据自己的情况主动提出。

教师培训是加强教师队伍建设的一个重要方面,《教师法》规定,教师的培训是一项长期工作,各级人民政府教育行政部门、学校主管部门和学校均负有重要责任;应当制定规划,使培训工作具有系统性、规范性、目的性和针对性。国家教育部《关于加强在职中小学教师培训工作的意见》、《全国重点高等学校接受进修教师工作的暂行办法》等文件,对中小学和高等学校教师的培训工作做了比较全面的规定。

二、教师的义务

教师的义务,是指由《教育法》和《教师法》及其他法律法规规定的、与教师的职务相关的责任。它表现为国家对教师必须做出一定行为或者不得做出一定行为的约束。《教育法》对教师的义务原则规定为:“履行法律规定的义务,忠诚于人民的教育事业。”《教师法》第八条则对教师的义务做了较为详细的规定。

(一)遵守宪法、法律和职业道德,为人师表

这项义务也称“遵纪守法义务”,其具体内容包括:(1)教师应模范地遵守宪法和法律。《宪法》第五十三条规定:“中华人民共和国公民必须遵守宪法和法律。”任何组织和个人都没有凌驾于宪法和法律之上的特权。教师作为中华人民共和国公民,同时又承担着教书育人、为社会主义现代化建设培养合格人才的特殊使命,必须带头遵守宪法、法律。(2)教师应遵守职业道德、为人师表。教师作为人类灵魂的工程师,应当遵守职业道德,以自己的高尚品质和行为通过教育教学活动对学生思想品德的培养、法律意识的形成发挥积极影响。“学高为师,身正为范”,身教重于言教,教师应当具有高尚的职业道德。

教师的职业道德,是教师从事教育教学活动应当遵守的基本道德规范。2008年国家教育部和全国教育工会在对1997年颁布的《中小学教师职业道德规范》进行修订的基础上,重新颁布了《中小学教师职业道德规范》。其内容是:

1. 爱国守法

热爱祖国,热爱人民,拥护中国共产党领导,拥护社会主义。全面贯彻国家教育方针,自觉遵守教育法律法规,依法履行教师职责权利。不得有违背党和国家方针政策的言行。

2. 爱岗敬业

忠诚于人民的教育事业,志存高远,勤恳敬业,甘为人梯,乐于奉献。对工作高度负责,认真备课上课,认真批改作业,认真辅导学生。不得敷衍塞责。

3. 关爱学生

关心爱护全体学生,尊重学生人格,平等公正对待学生。对学生严慈相济,做学生的良师益友。保护学生安全,关心学生健康,维护学生权益。不讽刺、挖苦、歧视学生,不体罚或变相体罚学生。

4. 教书育人

遵循教育规律，实施素质教育。循循善诱，诲人不倦，因材施教。培养学生良好的品行，激发学生的创新精神，促进学生全面发展。不以分数作为评价学生的唯一标准。

5. 为人师表

坚守高尚情操，知荣明耻，严于律己，以身作则。衣着得体，语言规范，举止文明。关心集体，团结协作，尊重同事，尊重家长。作风正派，廉洁奉公。自觉抵制有偿家教，不利用职务之便谋取私利。

6. 终身学习

崇尚科学精神，树立终身学习理念，拓宽视野，更新知识结构。潜心钻研业务，勇于探索创新，不断提高专业素养和教育教学水平。

（二）贯彻国家的教育方针，遵守规章制度，执行学校的教学计划，履行教师聘约，完成教育教学工作任务

这项义务也称“教育教学义务”，其基本内容包括：(1)教师在教育教学活动中，应当全面贯彻“教育必须为社会主义现代化建设服务，必须与生产劳动相结合，培养德、智、体等方面全面发展的社会主义事业的建设者和接班人”的教育方针，全面推行素质教育；(2)教师应当遵守教育行政部门和学校制定的有关教育教学管理的各项规章制度，执行学校依据国家规定的课程计划、教学大纲或教学基本要求而制定的具体教学工作计划；(3)教师应当履行聘任合同中约定的教育教学工作职责，完成职责范围内的教育教学工作任务，保证教育教学质量。教育教学工作是教师的本职工作，教师的主要任务就是搞好教育教学工作。

为保证教师较好地履行这一义务，1989 年国务院批准了由国家教委、人事部联合制定的《关于进一步发展中小学勤工俭学若

干问题的意见》,其中明确规定:“中小学教师的主要任务是搞好教学工作,除抽调出来的从事勤工俭学工作的以外,不提倡教师个人从事第二职业,并严禁教师、学生个人经商。”

(三)对学生进行《宪法》所确定的“四项基本原则”教育和爱国主义、民族团结教育、法制教育以及思想品德和文化、科学技术教育,组织、带领学生开展有益的社会活动

这项义务也称“全面教育义务”,其具体内容包括:(1)教师应当自觉结合所教学科的特点将思想政治教育和品德教育贯穿在教育教学活动全过程之中,有意识地对学生进行“四项基本原则”教育和爱国主义、民族团结教育,坚定学生的共产主义信念,培养学生爱祖国、爱人民的思想;(2)教师应当对学生进行法制教育及思想品德和文化、科学技术教育,增强学生的法制观念,帮助学生逐步树立正确的人生观和价值观,促进学生的全面发展,把学生培养成为有理想、有道德、有文化、有纪律的“四有”新人;(3)教师应当根据学生的能力和健康成长的需要,组织他们开展一些有益的社会活动,使他们在活动中锻炼自己,增长知识和才干,培养他们的社会责任感。

(四)关心、爱护全体学生,尊重学生人格,促进学生在品德、智力、体质等方面全面发展

这项义务也称“爱护尊重学生义务”,其基本内容包括:(1)教师应当关心、爱护学生。热爱学生是教师的天职和美德,也是教师做好教育教学工作的前提条件。教师应当关心爱护全体学生,对所有学生要做到一视同仁,真诚地促进学生在德、智、体等方面获得全面发展,不得有对部分学生偏爱或歧视的不公正现象。教师关心、爱护学生,有利于学生的健康成长。(2)教师应当尊重学生人格。人格尊严是《宪法》赋予公民的一项基本权利。尽管在

教育教学活动中教师是教育者，学生是受教育者，但两者在人格上是平等的。教师应当具有尊重学生人格的法律意识，帮助学生形成健康完美的人格，为学生的全面发展奠定良好的基础。(3)教师不得以任何方式侵犯学生的人格尊严，不得侮辱学生，不得体罚或变相体罚学生。不得披露学生的隐私，不得私自拆看学生的信件。一个称职的教师，不仅要懂得关心、爱护学生，而且应懂得尊重学生的人格，确保学生的人格尊严不受侵犯。

(五)制止有害于学生的行为或者其他侵犯学生合法权益的行为，批评和抵制有害于学生健康成长的现象

这项义务也称“保护学生义务”，其基本内容包括：(1)教师在学校工作和与教育教学工作相关的活动中有义务制止有害于学生的行为或者其他侵犯学生合法权益的行为，保护学生的合法权益不受侵害，保护学生的健康成长。如家长虐待子女、社会上无良青年恐吓学生、向学生索要钱物等，教师有义务加以劝说、制止，必要时向学校和有关机关举报。(2)教师有义务对社会上出现的种种有害于学生健康成长的不良现象进行批评和抵制。对于社会上存在的种种不良现象，教师可以也有义务通过各种方式进行批评、抵制，以促进学生的健康成长。教师履行本项义务具有特定的范围，主要是制止在学校工作或与教育教学工作相关的活动中，侵犯其负责教育管理的学生合法权益的违法行为，批评社会上出现的有害于学生身心健康成长的不良现象。

(六)不断提高思想政治觉悟和教育教学业务水平

这项义务也称“提高自身水平义务”。不断提高思想政治觉悟和教育教学业务水平，是社会进步和科技发展对教师提出的要求。其基本内容包括：(1)教师应当自觉地努力学习马列主义、毛泽东思想和邓小平理论以及党和政府的各项方针政策，不断加强

思想道德修养，提高自己的思想政治觉悟；(2)为适应新形势下教育教学工作的需要，教师应当加强教育教学专业理论和业务学习，在教育教学过程中要勇于创新，不断提高教育教学业务水平。只有这样，才能真正担负起提高民族素质的历史重任。

第三节　教师的管理制度

《教育法》第三十四条规定："国家实行教师资格、职务、聘任制度，通过考核、奖励、培养和培训，提高教师素质，加强教师队伍建设。"这是对教师队伍建设的原则规定。而《教师法》则对教师的管理制度做了进一步明确的规定。

一、教师资格制度

教师资格制度是国家对教师实行的一种特定的职业资格认定或职业许可制度。教师资格一经取得，在全国范围内普遍有效，非依法律规定不得撤销和灭失。

教师资格是国家对专门从事教育教学工作人员最基本的要求，是公民担任教师的前提条件。《教师法》和 1995 年 12 月国务院颁布的《教师资格条例》以及 2000 年 9 月教育部颁布的《〈教师资格条例〉实施办法》，对教师资格分类、教师资格条件、教师资格认定等方面都做了明确而具体的规定。(此项制度的具体解读见本书专门章节的阐述)

二、教师职务制度

依据《教育法》和《教师法》的规定，国家实行教师职务制度。教师职务制度是国家对教师岗位的设置及各岗位任职条件和取得该岗位职务的程序等方面的各项规定的总称。教师职务是专业技术职务，国家实行教师职务制度，有利于调动广大教师的积极性和创造性，也使教师队伍建设走上了规范化、法制化的道路。

根据国家有关规定，目前我国教师职务主要分初级、中级、高级三等，具体设置如下：高等学校教师职务设助教、讲师、副教授、教授；中等专业学校教师职务设教员、助教、讲师、高级讲师；中学教师职务设中学三级教师、中学二级教师、中学一级教师、中学高级教师；小学教师职务设小学三级教师、小学二级教师、小学一级教师、小学高级教师；技工学校文化与技术理论课教师职务设教员、助理讲师、讲师、高级讲师；技工学校生产实习课教师职务设三级实习指导教师、二级实习指导教师、一级实习指导教师、高级实习指导教师；各级成人学校结合成人教育的特点和层次，分别执行普通高等学校、中专、中小学、技术学校教师职务试行条例。

为激励广大教师积极进取，勇于创新，搞好教育教学工作，各项教师职务试行条例都有规定：在教育、教学和教育科学研究的某一方面成绩特别突出的教师，其任职条件可不受学历和任职年限等规定的限制，可申请破格晋级。

三、教师聘任制度

《教育法》和《教师法》规定：国家实行教师聘任制度。所谓"教师聘任制度"是指学校和教师双方在平等自愿的基础上以签订聘任合同的方式确认教师受聘的职务及双方权利和义务关系的教师任用制度。教师聘任制度的实施，适应社会主义市场经济发展和教育改革的需要，是在教师管理制度上的一项重大改革。实行聘任制，为教师和学校双方提供了更大的选择机会，有利于发挥人才优势，促进人才的合理流动，提高教师和学校双方的积极性和自主性。

根据国家的有关法律、法规规定：目前，我国教师职务聘任主要有招聘、续聘、解聘、辞聘等几种形式。

招聘是指用人单位面向社会公开、择优选拔具有教师资格的人担任教师职务。招聘教师要有组织、有领导地进行。其程序如下：首先由用人单位或地区经人才交流管理部门批准，以广告、启事、人才交流会等形式提出所需教师的条件、工作性质、任务和待遇等，然后再经过对应聘人员进行审查、考核、考试等步骤确定取舍，最后由用人单位与符合条件的应聘者签订教师聘任合同，予以聘任。招聘这一形式具有公开、直接、自愿、透明度高等优点，有利于发现和招揽优秀人才。

续聘是指聘任期满后聘用单位和教师不中断关系，随即继续签订聘任合同。续聘合同的内容可以与原聘任合同相同，只改变任职期限，也可以在原聘任合同的基础上进行变更。签订续聘合同也应遵循自愿平等的原则，并依法定程序办理。续聘合同一旦生效就具有法律效力。

解聘是指用人单位根据聘用合同的规定解除与聘任教师之间的聘用合同。在聘用期内教师的聘任合同具有法律效力，用人单位在解聘教师时应当有正当合法理由（受聘者不符合原定的聘用条件；不能胜任所任职务；不履行合同所规定的义务；有违法行为等）。否则，用人单位就要承担相应的法律责任。

辞聘是指受聘教师请求用人单位解除聘任合同。辞聘是受聘教师享有的一项权利，但必须依法或依合同规定正确行使该权利。教师在任职期间，用人单位不遵守聘任合同约定，或者对受聘人员无理压制、打击报复，致使受聘人员无法履行岗位职责，或者受聘人员因生病或其他合同约定的情况出现不能继续履行岗位职责时，有权提出辞聘。受聘教师无正当理由，单方擅自离职给用人单位造成损失的，应依照聘用合同规定，承担相应的法律责任。

随着改革开放的深入和教育对外交流的扩大，我国一些学校及其他教育机构正在聘任或将会聘任来自不同国度的外籍教师。

对此,《教师法》第九章"附则"第四十二条提出:"外籍教师的聘任办法由国务院教育行政部门规定。"这一规定表明,聘任外籍教师也应按照法律有关规定和程序进行。

四、教师考核制度

《教育法》和《教师法》对教师的考核都有明确规定。《教师法》第二十二条规定:"教师考核的机构是教师所在的学校或其他教育机构。"同时,"教育行政部门对教师的考核工作进行指导、监督"。所谓"教师考核",是指各级各类学校及其他教育机构,按照教师考核规章规定的考核内容、考核原则、考核程序,对教师进行考察和评价。教师考核制度是教师管理制度的重要组成部分,它对于促进教师素质的提高,加强教师队伍建设,有着十分重要的意义。

根据《教师法》规定,教师考核的内容为"政治思想、业务水平、工作态度和工作成绩"。即我们通常所说的"德、能、勤、绩"四个方面。

"政治思想",主要是考核教师的政治态度和遵守职业道德的情况。政治态度包括遵守宪法和法律,热爱祖国,拥护党的基本路线,努力学习马列主义、毛泽东思想和中国特色社会主义理论。职业道德包括忠诚于人民的教育事业,贯彻国家的教育方针,热爱、尊重、了解和严格要求学生,关心学生的身心健康,教书育人,恪守教师职业道德。

"业务水平",主要指与教师所担任的职务相适应的教学水平、学术水平和工作能力。教师要具有扎实而渊博的专业基础知识和其他相关知识,如教育教学理论水平、工作经验、外语及计算机水平等。此外,教师还必须有较强的业务能力,包括教育教学能力、科研能力、改革创新能力、学生管理能力等。在考核教师的业务水平时,还应注意考察教师是否懂得和掌握教育教学规律和教育教学艺术。

“工作态度”，主要指教师在履行教育教学职责的工作中所具有的工作积极性、事业心和责任感。它包括是否履行法律规定的教师义务，是否积极承担工作任务，是否忠于职守，治学态度如何，是否刻苦学习、努力钻研等。

“工作成绩”，是指在本职岗位上从事教育教学工作所取得的成果和业绩。它是教师德、能、勤的综合反映和价值体现。它包括承担和完成教育教学工作量的大小、对学生进行教育教学效果的好坏，以及在教育教学和科学研究中取得的科研成果等。

应注意的是，教师的考核，应当按照担任不同教师职务相应的任职条件和职责分别进行。对德、能、勤、绩四个方面应当进行全面考核，不能以偏概全。

《教师法》第二十三条规定：“考核应当客观、公正、准确，充分听取教师本人、其他教师以及学生的意见。”这一规定表明了教师考核工作应遵循的原则，那就是客观、公正、准确、民主。

教师考核的结果要告知教师本人。《教师法》第二十四条规定：“教师考核结果是受聘任教、晋升工资、实施奖惩的依据。”

五、教师奖励制度

《教师法》第七章对教师的奖励做了专门的规定。

教师的奖励是按照教师的工作成绩、对教育事业的贡献大小而给予的一定的精神奖励和物质奖励。这是加强教师队伍建设的一个重要方面，具有重要的现实意义。

《教师法》第三十三条规定：“教师在教育教学、培养人才、科学研究、教学改革、学校建设、社会服务、勤工俭学等方面成绩优异的，由所在学校予以表彰和奖励；国务院和地方各级人民政府及其有关部门对有突出贡献的教师，予以表彰和奖励；对有重大贡献的教师，依照国家有关规定授予荣誉称号。”这就对教师奖励的内容以及级别等做出了明确规定，是我国各级各类学校和政府对教师进行奖励的法律依据。

《教师法》第三十四条还规定："国家支持和鼓励社会组织或者个人向依法成立的奖励教师的基金组织捐助资金，对教师进行奖励。"这一规定，一则从一定程度上解决了教师奖金的来源；二则鼓励社会组织和个人共同关心国家的教育事业，奖励有突出贡献的教师，推动社会进步。如"霍英东青年教师奖励基金"、"曾宪梓师范院校优秀教师教育基金"等，都在教师奖励方面发挥了积极的作用。

第四节　《教师法》关于法律责任的规定

《教师法》第八章专门规定了法律责任的问题，法律责任可分为刑事法律责任、民事法律责任和行政法律责任。《教师法》中对法律责任的认定主要有以下几种情形。

一、侮辱、殴打教师的法律责任

侮辱教师是指公然贬低教师的人格，破坏教师的名誉；殴打教师是指以暴力方式故意非法伤害教师人身健康，构成对教师人身权侵害的行为。一般情况下，侮辱教师的行为可能会单独实施，而殴打教师的行为往往同侮辱教师的行为同时并存。

《教师法》第三十五条规定："侮辱、殴打教师的，根据不同情况，分别给予行政处分或者行政处罚；造成损害的，责令赔偿损失；情节严重，构成犯罪的，依法追究刑事责任。"(1)对国家机关、企事业单位、社会团体等组织的人员侮辱、殴打教师的，由其所在单位给予相应的行政处分；(2)根据《治安管理处罚条例》第二十二条规定，殴打教师，造成轻微伤害的，公然侮辱教师，侵犯教师人身权利，尚不够刑事处罚的，由公安机关处以15日以下拘留，200元以下罚款或警告；(3)对侮辱、殴打教师造成损害的，应承担民事责任；其中造成教师人身伤害的，应当赔偿医疗费、误工费等费用；造成教师姓名权、肖像权、名誉权、荣誉权等权利伤害的，应当停止侵害，恢复名誉、消除影响、赔礼道歉，并应赔偿相应的精神损失；(4)对侮辱、殴打教师情节严重，构成犯罪的，人民法院依法追究其刑事责任（根据《刑法》第一百三十四条规定：殴打教师造成轻伤的，处3年以下有期徒刑、拘役或管制；殴打教师造成重伤的，处3年以上10年以下有期徒刑；致人死亡或者以特别残忍手段致人重伤造成严重残疾的，处10年以上有期徒刑、无期徒刑或者死刑）。

【案例】 柳州学生殴打老师事件：2012年12月24日下午2时许，广西柳州市一中学初二男生小强与另一名男同学小陈各自拿着一杯饮料走进校门，碰到了正在校门口执勤的女老师王某。按照学校规定，“学生不允许携带食品进入校园”。于是，王上前劝阻，谁知小强完全不理会老师，并径直走入校园。当时已快到上课时间，王老师也有课，于是跟着两名同学走了进去，并一路劝说学生将手中饮料扔掉，但两学生一直不听，并将王“引”向了学校的男厕所。就这样，两名男生站在了男厕所的门内，把王“隔离”到了门外。不过，王还是走了过去，并要求学生把饮料交出来。小陈说，当时，他觉得老师已经生气了，便将饮料杯交给了老师，但小强却将杯子放到了厕所门口的洗手池上。老师当时也顾不上那么多，硬着头皮上前，将饮料拿了出来，准备扔进垃圾桶。这时，小强突然跑上前来，从王老师手中将杯子抢了过来，并将饮料泼到了王的脸上。被气坏了的王也转而将手里的另一杯饮料泼向了小强。这一下把小强给惹了，惊人的一幕也就此上演了：小强竟一把将王的眼镜打落在地，随后便将王往男厕所里拖,并一阵拳打脚踢,甚至专门踢打老师的下体。小陈说,他知道打老师是非常恶劣的行为,但当时他也很害怕,不敢上前制止。整个过程持续了3分钟左右时间,直到正在准备上课的师生们听到了王的呼救,跑出教室查看情况,当他们来到厕所时,王四肢已开始痉挛,有人拨通了120急救电话。急救人员赶到现场,将王送往柳州市一家大医院接受救治。

【点评】 面对这种已经难以用教育的方式解决问题的恶劣事件,学校应该寻求法律的介入,以向对老师施暴的学生和他的监护人追究相应责任。因为不论是从帮助孩子成长的角度考虑,还是从维护教师权益和正常教学秩序角度考虑,学校和家长都不应该包庇和妥协,否则就是纵容,并令教育、令法律、令道德伦理蒙羞。

二、打击报复教师的法律责任

教师有申诉、检举、控告的权利。教师在自身权益受到侵害时,有权向主管的国家机关申诉理由,请求处理。教师对国家机关和国家机关工作人员,以及有关社会组织和管理人员在职权活动中侵害其合法权益的违法违纪行为,有权要求有关国家机关依法惩处违法违纪人员。教师有权向公安、司法机关或纪检、监察机关揭发违法犯罪事实和嫌疑人,要求依法追究其法律责任。教师的申诉权、控告权、检举权应该受到法律的保护。

对依法提出申诉、检举、控告的教师打击报复,是指国家机关工作人员、学校和其他社会组织的负责人以及其他行使一定职权的人员,故意滥用自己的职权,对申诉人、控告人、检举人实施报复陷害,损害其合法权益的违法行为。主要表现为对申诉人、控告人、检举人进行公开批评,或者实施降级、降薪、调离工作岗位、开除公职等行政处分。这种违法行为的责任主体主要包括学校负责人、教育行政部门工作人员及其他国家工作人员。根据《教师法》第三十六条规定,对依法提出申诉、检举、控告的教师打击报复的,可做如下处理:(1)对打击报复教师的,由所在单位或者上级机关责令其改正;(2)对打击报复教师,情节严重的,可根据具体情况给予行政处分;(3)对国家工作人员打击报复教师构成犯罪的,由人民法院依据《刑法》的有关规定追究其刑事责任。

【案例】 自1991年5月始,四川省仁寿县某中心小学教师、教导主任熊某,多次向上级领导反映该校领导乱收费等经济问题,引起校领导不满。1992年下半年,校长汪某不顾国家教委三令五申制止学校乱收费的规定,强行给近2000名学生统一买书包和校服,并强行让学生吃课间餐——蛋糕,群众意见很大。5元的书包卖给学生15元,校服的成本是15元,卖给学生38元左右,蛋糕买来时花1角钱左右,卖给学生2角。此外,书报、猪饲料等也强行让学生购买,否则不准读书。1992年10月期间,熊某多次向汪校长建议取消以上做法,但汪某不听。11月30日,熊再次向汪某建议取消吃蛋糕等做法,汪当时宣布免去熊教导主任一职,把熊的办公桌抬走,熊当晚找区镇领导解决没有结果。12月1日上午上班,熊见汪派人将自己办公桌抬到伙食科,于是找汪评理,引起熊与汪、汪妻及学校干部的殴斗。同日下午,熊上课10分钟后,有人进教室对他说:"到行政办公室去,上边来人解决问题。"熊一到底楼口,5名大汉就将其五花大绑起来,熊马上惊呼:"学生们救救我……"大汉将熊的嘴堵上,装上车强行送到精神病院。12月28日天蒙蒙亮,熊某光脚偷跑出精神病院,他不敢回家,四处流浪。一学生家长曾某告诉他:"汪校长说:'熊主任回来,任何人不要接待他,他是个疯子'。"1月31日熊跑到省教委哭诉,办公室主任挂急电找了市教委主任,随即告诉熊可以回去了。当日,省教委还致函仁寿县教育局:"某某中心小学熊某来访,反映遭到学校校长汪某打击迫害,强送精神病院'治疗'等问题,请你们调查处理并做好善后工作。"熊某回到教育局,局长告诉熊已接到市里通知,他们也马上通知了校办,不能再迫害熊某。

【点评】 教师有申诉、检举、控告的权利。在本案中熊某的行为是正当合法的,校长汪某实施的则是一种打击报复的行为,应受到相应的处罚。

三、拖欠教师工资的法律责任

拖欠教师的工资,是指未按时、足额支付教师的工资性报酬,包括基本工资、岗位职务工资、奖金、津贴和其他各种政府补贴等。拖欠教师工资,是违反《教师法》、侵害教师合法权益的违法行为。它不仅侵害了教师获得劳动报酬的基本权利,危及教师本人及家庭的生计,还严重影响了教师队伍的稳定和教育教学工作的正常进行,严重损害了党和政府的威信。

拖欠教师工资的原因和情况比较复杂,归纳起来,主要有两种:一种是地方人民政府或者教育主管部门违反国家财政制度、财务制度,挪用国家财政用于教育的经费造成拖欠教师工资;另一种是当地财政确实困难而拖欠教师工资。但无论何种原因,解决问题的关键在政府。按照《教师法》的有关规定,对拖欠教师工资的违法行为,应当依法进行以下制裁:(1)对违反《教师法》规定,拖欠教师工资的,无论是政府及其有关部门,还是学校及其他教育机构;无论是公办学校,还是民办学校,均由地方人民政府责令其限期改正;当地政府拖欠的,由上一级人民政府责令其限期改正。(2)对于违反国家财政制度、财务制度，挪用国家财政用于教育的经费，拖欠教师工资的，由上级机关责令限期归还挪用的经费，并根据具体情况对直接责任人员给予行政处分。对于情节严重，构成犯罪的，由人民法院依法追究其刑事责任。

拖欠教师工资的现象，在过去一段时间较为严重(尤其是在20世纪80年代到90年代初)，引起了党和政府的高度重视。目前，经过各级政府的不懈努力，这一问题已得到了根本解决。

四、教师违反《教师法》的法律责任

教师违反《教师法》主要有以下几种情形：

(1)故意不完成依照聘任合同约定的或岗位职责明确规定的教师应当完成的教育教学任务，给教育教学工作造成损失的。认定该法律责任的要件有三：其一是教师主观上明知自己的行为会给教育教学工作造成损失的后果，而放任这种后果的发生；其二是依照聘任合同的约定或岗位职责的规定，教师应当完成的教育教学任务没有完成；其三是该违法行为给教育教学工作造成损失的事实。

(2)体罚学生，经教育不改的。体罚学生，是指教师以暴力的方法或以暴力相威胁，或以其他强制性手段，侵害学生的身体健康的侵权行为。《教师法》明文规定，教师有关心、爱护全体学生，尊重学生人格，促进学生在品德、智力、体质等方面全面发展的义务。体罚学生是为《教师法》所不允许的。教师偶有轻微体罚学生的行为，但没有后果且经教育改正的，不视为构成此项违法行为。

(3)品行不良，侮辱学生，影响恶劣的。品行不良是指教师的人品或行为有悖于社会公德和教师的职业道德，严重有损教师为人师表的形象或身份；侮辱学生是指教师用言语或行为等形式在众人面前，公然贬低学生的人格，破坏学生的名誉，从而构成对学生人格权和荣誉权的侵害。

对教师实施的上述三种违法行为,《教师法》规定应承担的具体责任是:(1)各级各类学校及其他教育机构的教师凡具有上述违法行为之一的,按现行管理权限,由所在学校、其他教育机构或者教育行政部门分别给予行政处分或解聘;(2)教师有上述三种违法行为中的后两种行为,情节严重构成犯罪的,由人民法院依法追究其刑事责任;(3)教师有上述违法行为之一,对学校、其他教育机构和学生造成损失或损害的,应当依照《民法通则》的有关规定承担赔偿损失、赔礼道歉、消除影响、恢复名誉等民事责任。

【案例一】 某日下午天津河西区一小学三年级三班几名学生放学回家,家长惊奇地发现有的孩子嘴唇肿了,甚至渗血。经反复询问才得知:该班数学老师怕学生上课时说话影响课堂秩序,就让学生们用透明胶带把嘴粘上,以此来惩罚学生。结果当天下午上数学课时,学生们便把嘴粘住整整一节课。这种变相体罚学生、有损学生人格尊严的做法,引起家长和学生的强烈不满,他们纷纷向有关部门反映。

【点评】 该班数学老师的做法是《教师法》所不允许的,它侵犯了学生的合法权益。教师要认真学习有关法律法规,努力加强自身的师德修养,以杜绝类似事件的发生。

【案例二】 某中学青年女教师王某在给初二(2)班上数学课时,没有像往常一样戴隐形眼镜,而是戴着一副普通的眼镜进了教室。学生们发现平时“不”戴眼镜的王老师突然换了模样,不知是谁先笑了一声,继而引发满堂大笑。在一片笑声中,王老师有点不知所措,就不耐烦地要求学生们停止大笑。断断续续地,大部分同学都安静下来,只有坐在教室前排的张某和刘某以及坐在后排的赵某还在笑个不停。王老师有些生气了,就用教鞭敲了一下张某和刘某的头,叫他们不要笑。张某和刘某停止大笑后，赵某仍在出声地笑，王老师为了稳定课堂秩序，准备上课，就走到后排以同样的方式用教鞭敲了赵某两下。不料，这两下把赵某给激怒了，他一把抓住王老师的衣服，将王老师倒推，并重重踢了王老师两脚，一脚踢在小腿上，踢破了一层皮，另一脚踢在了小腹上。当时王老师正好有孕在身，这一事故导致了她流产。

【点评】 这是一起典型的教师与学生互相侵权的案例。教师体罚学生，学生还击教师，各自都侵犯了对方的合法权益。表面上看，教师仅仅是用教鞭敲了学生两下，而学生的两脚，却给教师造成了严重的伤害。依照有关民事法律，学生赵某的家长应该给予王老师以必要的人身伤害赔偿，但这次事故又发生在教学过程中，学生对教师的伤害与教师对学生的管理行为直接相关。因此，这件事情的背后隐藏着一个深层次的问题：即教师应当如何维持课堂秩序？

毋庸置疑，学校是育人的基地，是进行教育教学活动的场所，教师应该严格遵守《教师法》和《教师职业道德规范》的有关规定，对学生尽到教育的责任，不得体罚或变相体罚学生。但是，为了有效地进行教育教学活动，对学生加以管理也是必要的，管理必然意味着对学生的一种外在的规范性要求。问题在于，通过什么方式来规范学生，才能既达到教育的目的，又不致侵犯学生的合法权益？这是教师应该认真思考的。

【本章小结】

1.《教师法》是我国历史上第一部关于教师的法律。它的立法宗旨是保障教师的合法权益，加强教师队伍建设，促进教育事业的发展。

2.科学理解法律意义上的“教师”概念。教师是履行教育教学职责的专业人员，承担教书育人，培养社会主义事业建设者和接班人，提高民族素质的使命。

3.《教师法》对教师的权利和义务有明确规定。教师的基本权利主要有：教育教学权、科研权、指导评价权、获取报酬权、参与学校管理权、进修培训权等；教师的基本义务主要有：遵纪守法义务、教育教学义务、全面教育义务、爱护尊重学生义务、保护学生义务、提高自身水平义务等。

4.教师的管理制度有：教师资格制度、教师职务制度、教师聘任制度、教师考核制度、教师奖励制度等。

5.违反《教师法》的法律责任。

【复习思考题】

1.如何理解法律意义上的教师？教师有哪些权利和义务？

2.什么是教师聘任制？其法律形式是怎样的？

3.2008年6月12日，合肥市长丰县双墩镇某中学发生两位学生争打，一学生意外死亡的突发事件。这天该中学七(2)班第四节是地理课，授课老师是杨××，上课十多分钟，杨老师面对黑板写字时，学生杨×与同座的陈×互相推打在一起。杨老师发现后批评道："你们要是有劲，下课到操场上去打。"随后其他同学将他俩拉开。杨×回到座位后，坐立不稳。杨老师便叫三位同学送他到附近的卫生院治疗，杨×病情严重，被送往双墩医院，双墩医院医生检查后要求立即转院，杨×很快被送往合肥市第一人民医院救治，30分钟后杨×经抢救无效死亡。问：杨老师有责任吗？要不要负相关法律责任？

第四章　教师资格条例

1993年10月31日，国家颁布《教师法》，规定“国家实行教师资格制度”，1995年12月12日，国务院颁布《教师资格条例》。我国自1996年开始实施教师资格认定工作，历经过渡认定、试点认定和全面实施三个阶段。2000年9月颁布实施《〈教师资格条例〉实施办法》。2001年1月教育部召开全国教师资格制度实施工作会议，5月印发《关于首次认定教师资格工作若干问题的意见》，标志教师资格制度进入全面实施阶段。教师资格制度的发展完善，对于严把教师入口关、优化教师队伍结构、提高教师队伍整体素质、拓展教师来源渠道、体现教师专业化、提高教师社会地位、形成尊师重教的社会风尚发挥了重要作用。

第一节　教师资格制度概述

一、教师资格制度的内涵

教师资格制度（又称“教师资格证书制度”）是国家对教师实行的一种法定的职业许可制度，是国家为保障从事教育职业者具备基本的从业资格而予以制定的标准规定和审核认可制度，是国家对从事教师职业、专业或教育教学活动的人所应具备的条件或身份的一种强制性规定。它包括三层含义：

第一，教师资格制度是国家实行的一种职业资格制度。教师资格是由国家对符合相应教师资格条件并提出申请的人员认定的资格，属于国家资格性质。教师资格是国家对专门从事教育教学工作人员的基本要求，是公民获得教师职位、从事教师工作的前提条件。

第二，实行教师资格制度是法律规定的，必须依法实施。实施教师资格制度的原则规定体现在《教师法》中，其他可操作性的具体规定体现在国务院制定的《教师资格条例》、国务院教育行政部门制定的《〈教师资格条例〉实施办法》等一系列法规当中。教师资格作为国家法定的职业资格，一经取得，在全国范围内不受地域限制，具有普遍适用的效力。教师资格的丧失和撤销，必须依照法律规定办理。

第三，教师资格制度是教师职业许可制度。自实行教师资格制度之日起，凡在教育行政部门依法批准举办的各级各类学校和其他教育机构中从事教育教学工作的教师，必须具有依法取得的相应教师资格，没有相应教师资格的人员不能聘为教师。同时，具备教师资格者只有在被某所学校依法聘任后，方能成为教师，享有国家规定的教师权利，履行相应的义务。教师资格是国家对准备进入教师队伍、从事教育教学工作的人员的基本要求。

二、我国教师资格制度的实施进程

教师资格制度是国家对教师实行的法定的职业许可制度，是教师专业化的产物。教师专业化发展不仅仅是一种观念，更是一种制度。1782 年，美国弗蒙特州最早出台教师资格条例。1825 年，俄亥俄州在世界上率先对教师进行考核，并由相关职能部门颁发资格证书。100 多年来，建立教师资格制度已成为世界性发展趋势。美、日、英、法、德等国都通过实行教师资格制度来肯定教师职业的专业性和不可替代性，以确保教师的专业地位和职业权威。教师资格制度的实施，为提高教师的整体素质、稳定教师的社会地位、促进教师专业化发展做出了巨大的贡献。

随着世界各国教育改革的不断深化，我国教师资格制度的教育改革也被提上了议事日程。1993 年 2 月，《中国教育改革和发展纲要》明确提出，“中小学逐步实行教师资格制度和职务等级制度”。1993 年 10 月 31 日，国家颁布《教师法》，规定“国家实行教师资格制度”，首次以国家法律的形式明确规定国家实行教师资格证书制度。1995 年 3 月出台的《教育法》第三十四条规定：“国家实行教师资格证书、职务、聘任制度，通过考核、奖励、培养和培训，提高教师素质，加强教师队伍建设。”1995 年 12 月 12 日，国务院颁布《教师资格条例》。我国自 1996 年开始实施教师资格认定工作，历经过渡认定、试点认定和全面实施三个阶段。1996 年，教育部下发《教师资格认定的过渡方法》，2000 年 9 月 23 日，教育部又发布了《〈教师资格条例〉实施办法》，规定了教师资格的性质、地位，以及教师资格的分类、适用、申报条件、考试、认定等细则，这标志着我国全面实施教师资格证书制度正式启动，结束了我国长久以来没有明确而严格的教师任用标准的历史。2001 年 1 月，教育部召开全国教师资格制度实施工作会议；5 月，教育部印发《关于首次认定教师资格工作若干问题的意见》，标志教师资格制度进入全面实施阶段。截至 2007 年底，全国共有 1964.31 万人取得教师资格。

2010 年《国家中长期教育改革和发展规划纲要（2010～2020 年）》明确提出，“完善并严格实施教师准入制度，严把教师入口关。国家制定教师资格标准，提高教师任职学历标准和品行要求。建立教师资格证书定期登记制度。省级教育行政部门统一组织中小学教师资格考试和资格认定，县级教育行政部门按规定履行中小学教师的招聘录用、职务（职称）评聘、培养培训和考核等管理职能”。2012 年 8 月 20 日，国务院《关于加强教师队伍建设的意见》(国发〔2012〕41号)提出,“严格实施幼儿园教师资格制度”,“对有严重失德行为、影响恶劣者按有关规定予以严肃处理直至撤销教师资格”,“根据各级各类教育的特点,出台幼儿园、小学、中学、职业学校、高等学校、特殊教育学校教师专业标准,作为教师培养、准入、培训、考核等工作的重要依据。制定幼儿园园长、普通中小学校长、中等职业学校校长专业标准和任职资格标准,提高校长(园长)专业化水平”。“严格教师资格和准入制度。修订《教师资格条例》,提高教师任职学历标准、品行和教育教学能力要求。全面实施教师资格考试和定期注册制度”,“完善教师退出机制”。《教育部2013年工作要点》明确提出,将“启动教师资格条例修订工作”。

三、我国实施教师资格制度的意义

实行教师资格制度,是我国规范教师管理,加强教师队伍建设的重大举措。《教师法》、《教师资格条例》和《〈教师资格条例〉实施办法》确立的教师资格制度形成了我国教师资格制度法制规范的完整体系。教师资格制度的全面实施,是社会文明进步、教育事业进入新发展阶段的标志,为提高教师的整体素质、稳定教师的社会地位、促进教师专业化发展做出了巨大的贡献,对教师队伍建设和教育事业发展有着十分重要而深远的意义。

第一,实施教师资格制度,有利于政府主管部门依法管理教师队伍,严把教师队伍的“入口关”,从根本上提高教师队伍整体素质。实行教师资格制度,使政府、教育行政部门和学校能够依法管理教师队伍,把住教师队伍的“入门口”、质量关。

第二,实施教师资格制度,是推动教育人事制度改革、实施教师聘任制的制度性措施,有利于调整、优化教师队伍,促进教师队伍中未达到资格规定标准的教师努力提高自己的文化知识水平和教育教学能力,提高教育教学质量。

第三，实施教师资格制度，是形成多渠道培养和聘任教师的重要环节和制度保障，有利于形成高质量的教师储备队伍，有利于吸引全社会优秀人才从教。实行教师资格制度后，适应了"开放式"教师培训体系，通过教师资格考试从社会上招聘有志于从事教师工作的人员任教，拓宽了师资来源渠道，有利于学校择优聘任教师，储备高质量的教师队伍。

第四，实施教师资格制度，有利于体现教师的职业特点，提高教师的社会地位，使教师地位、教师队伍素质和教育质量形成良性循环。教师资格作为一种由国家认定的资格，具有很强的权威性。世界上一些国家只对少数几种素质要求高、社会影响重大的职业如教师、医生、律师等实行国家资格制度。我国实行教师资格制度，将有利于促进各级政府进一步制定落实与教师地位相当的待遇，为教师任用走上科学化、规范化、法制化、专业化轨道奠定坚实的基础。

第二节　《教师资格条例》的主要内容及修订

1995 年 12 月 12 日国务院颁布的《教师资格条例》，共 7 章 23 条，对教师资格分类与适用、教师资格条件、教师资格考试、教师资格认定、教师资格的丧失和撤销，以及教师资格考试和认定中的违规、法律责任等方面都做了明确而具体的规定。《教师资格条例》应根据形势的发展和社会的需要适时进行修订。

一、教师资格分类与适用

（一）教师资格分类

根据《教师资格条例》第四条规定，教师资格分为七类，即：

(1)幼儿园教师资格;(2)小学教师资格;(3)初级中学教师和初级职业学校文化课、专业课教师资格;(4)高级中学教师资格;(5)中等专业学校、技工学校、高级职业中学文化课、专业课教师资格;(6)中等专业学校、技工学校、高级职业中学实习指导教师资格;(7)高等学校教师资格。成人教育的教师资格,按照成人教育的层次,依照规定确定相应类别。

【案例】 未获教师资格证的幼儿教师颜某虐童事件。新华社杭州2012年11月16日电 浙江省某市未获教师资格证的幼儿教师颜某虐童事件引发社会关注。浙江省某市2012年10月24日发生一起民办幼儿园老师双手拎男童双耳、致其双脚离地的事件。相关照片在网上曝光后,引发广泛的社会关注。当事老师颜某随即被辞退。某市公安局10月25日立案,并对其采取刑事拘留强制措施,10月29日提请某市人民检察院批准逮捕。11月5日,由于当地检察机关对警方以"涉嫌寻衅滋事罪"提请批捕颜某申请进行审查后认为,该案需要补充侦查。同时,因在提请批捕期间,嫌疑人亲属曾向相关部门提出了要求司法鉴定的请求,当天,某市公安局依法向检察机关撤回颜某案,继续侦查。警方经深入侦查,认为涉案当事人颜某不构成犯罪,现依法撤销刑事案件,对其做出行政拘留15日的处罚,羁押期限折抵行政拘留。某市警方11月16日依法释放了颜某。

【点评】 《教师法》、《教师资格条例》已从法理层面规定了幼儿教师的从业标准。根据国务院于2003年1月转发教育部的《关于幼儿教育改革与发展指导意见的通知》规定,"要依据《教师资格条例》的有关规定,实行幼儿园园长、教师资格准入制度,严格实行持证上岗。要实行教师聘任制,建立激励机制,提高教师队伍的素质和水平"。但现实中,由于部分政府职能部门和幼儿园办学者或审核不严,或执法不力，或利益驱使，使得很多没有教师资格证的老师进入到幼教队伍。2012年9月，教育部等四部门《关于加强幼儿园教师队伍建设的意见》明确规定，“完善幼儿园教师资格制度。全面实施幼儿园教师资格考试制度，印发幼儿园教师资格考试标准，深化教师资格考试内容改革。幼儿园教师须取得相应教师资格证书”。《教育部教师工作司2013年工作要点》明确提出，“严格幼儿园教师资格准入，开展幼儿园教师‘持证上岗’情况专项检查”。

(二)教师资格适用

根据《教师资格条例》第五条规定，取得教师资格的公民，可以在本级及其以下等级的各类学校和其他教育机构担任教师；但是，取得中等职业学校实习指导教师资格的公民只能在中等专业学校、技工学校、职业高级中学或者初级职业学校担任实习指导教师。高级中学教师资格与中等职业学校教师资格相互通用。

二、教师资格条件

《教师法》第十条规定：“中国公民凡遵守宪法和法律，热爱教育事业，具有良好的思想品德，具备本法规定的学历或者经国家教师资格考试合格，有教育教学能力，经认定合格的，可以取得教师资格。”教师资格构成要件包括国籍、思想品德、学历、教育教学能力、认定等五个方面。

(一)国籍

取得教师资格者，必须是中国公民，即具有中华人民共和国国籍的人，这是取得教师资格的先决条件。凡符合规定条件的中国公民均可取得教师资格。

（二）思想品德

取得教师资格者必须具有良好的政治思想水平和道德修养，思想品德是取得教师资格的重要条件。

（三）学历

学历是一个人受教育的经历，一般表明其具有的文化程度。教师是一种专业化的职业，从业者具备专门的业务知识和技术水平才能胜任。因此，国家对取得各级各类教师专业技术职务都有基本的学历要求。《教师法》第十一条对取得教师资格应当具备相应的学历做了具体的规定。其要求是：(1)取得幼儿园教师资格，应当具备幼儿师范学校毕业及其以上学历。(2)取得小学教师资格，应当具备中等师范学校毕业及其以上学历。(3)取得初级中学教师、初级职业学校文化课、专业课教师资格，应当具备高等师范专科学校或者其他大学专科毕业及其以上学历。(4)取得高级中学教师资格和中等专业学校、技工学校、职业高中文化课、专业课教师资格，应当具备高等师范院校本科或者其他大学本科毕业及其以上学历；取得中等专业学校、技工学校和职业高中实习指导教师资格应当具备的学历，由国务院教育行政部门规定。(5)取得高等学校教师资格，应当具备研究生或者大学本科毕业学历。(6)取得成人教育教师资格，应当按照成人教育的层次、类别，分别具备高等、中等学校毕业及其以上学历。不具备法定教师资格学历要求的公民，申请获得教师资格，必须通过国家教师资格考试。国家教师资格考试制度由国务院规定。

（四）教育教学能力

教育教学能力是教师完成教育教学工作的必要条件，也是取得教师资格的重要条件之一。只有具有一定的教育教学能力，才能完成教育教学任务，胜任教师工作。因此，《〈教师资格条例〉实施办法》第八条对申请认定教师资格者的教育教学能力做了具体规定，包括身体条件、普通话水平和承担教育教学工作必需的基本素质和能力。其要求是：(1)具备承担教育教学工作所必需的基本素质和能力。具体测试办法和标准由省级教育行政部门制定。(2)普通话水平应当达到国家语言文字工作委员会颁布的《普通话水平测试等级标准》二级乙等以上标准。少数方言复杂地区的普通话水平应当达到三级甲等以上标准；使用汉语和当地民族语言教学的少数民族自治地区的普通话水平，由省级人民政府教育行政部门规定标准。(3)具有良好的身体素质和心理素质，无传染性疾病，无精神病史，适应教育教学工作的需要，在教师资格认定机构指定的县级以上医院体检合格。

(五)认定

教师资格必须经过法律授权的行政机关或其委托的其他机构通过合法的程序认定。

【案例一】 未取得教师资格的劳动合同效力认定——李某诉北京市某中学劳动争议案。原告李某与被告北京市某中学签订了《兼职教职员工聘用书》，该聘用书约定李某工作岗位为英语教师，劳动合同期限为 2008 学年至 2010 学年。聘用合同到期后，双方未再签订书面协议。李某继续工作至 2011 年 7 月 13 日。李某工作期间，从事过班主任工作。2009 年，某中学进行了体制改革，转制为公办美术特色高中。2011 年 7 月，某中学因改制及李某未取得教师资格，停止了李某的工作，但未做出解除劳动关系的书面决定。李某诉至法院，要求某中学与其签订无固定期限的劳动合同，并给付 2010 年 9 月至 2011 年 7 月的双倍工资 36191.6 元。

北京市西城区人民法院经审理认为，依据法律规定，国家实行教师资格制度。由于李某未取得教师资格,其不具备与某中学继续签订劳动合同的条件。故李某要求与某中学签订无固定期限劳动合同的诉讼请求,依据不足,不予支持。但劳动合同是一种继续性合同,用人单位应当支付未签订劳动合同的双倍工资。法院判决:被告某中学给付原告李某2010年9月至2011年7月的双倍工资36191.6元,驳回原告其他诉讼请求。原、被告均不服,提起上诉。2012年6月20日,北京市第一中级人民法院判决:驳回上诉,维持原判。

【点评】 国家实行教师资格准入制度,未取得教师资格的劳动者不能向学校主张签订教师岗位的无固定期限劳动合同。劳动合同被确认无效,劳动者已付出劳动的,用人单位应当向劳动者支付劳动报酬。

【案例二】 14岁的公民能不能当教师?著名导演张艺谋的电影《一个都不能少》讲述了这样一个故事:在华北的某山村小学,由于原公办教师不堪忍受低廉的待遇和恶劣的环境,不得已弃学生而去。看着学生不能上学,全都流失了,村长在万般无奈的情况下,只好请该村年仅14岁的正上初二的学生魏某做代课教师。魏某在村长的帮助下,千方百计地找回了流失的每一个学生,并认真地为学生上课,从而使这所山村小学又充满了往日的生机。

【点评】 按照《教师法》和《教师资格条例》规定,当小学教师首先必须具有中师毕业及其以上学历,必须取得小学教师资格。魏某未取得教师资格就去当代课教师,不是《教师法》规定的教育法律关系的主体,不能行使教师的职业权利与职业义务。魏某只有14岁,不符合《教师资格条例》规定的取得教师资格和任职时应具备身体健康的条件,即应当年满18周岁,身心健康。因此,魏某不是取得教师资格的教育法律关系主体,不能行使教师职业权利与义务。

【案例三】 2004 年 8 月 4 日上午，北京市某幼儿园 15 名儿童和 3 名教师在幼儿园被人砍伤，其中一名重伤儿童经抢救无效死亡。犯罪嫌疑人是患有精神分裂症的该幼儿园门卫徐某。受伤儿童中年龄最小的 2 岁，最大的 6 岁半。事件发生后，北京市校园安全专项整治工作领导小组正式下发文件，要求中小学校和幼儿园必须选聘属地公安机关保安公司专职保安人员承担校园值班守护巡逻工作，并要求加大对技防设施的投入，在重点要害部位安装技防监控设备。

【点评】《义务教育法》第二十三条、第二十四条规定了学校应建立健全安全制度。此事件的主要原因是学校（幼儿园）在聘请工作人员时，没有按照有关要求和程序进行聘任，没有严格审查被聘人员的资格，草率聘任，以至酿成大祸。这是一个惨痛而深刻的教训。学校是教书育人的场所，少年儿童又是未成年人，是弱势群体，需要一个安全健康的成长环境，需要成人的保护。因此，学校的老师和工作人员应该具有较高的思想道德水准，为人师表，身体健康。关于教师的聘任，《教师法》和《教师资格条例》规定：国家实行教师资格制度。法律、法规关于教师资格制度的规定，较好地保障了教师队伍的基本素质，有利于对学生安全的保护。关于学校工作人员的聘任，新修订的《义务教育法》第二十四条关于"学校不得聘用曾经因故意犯罪被依法剥夺政治权利或者其他不适合从事义务教育工作的人担任工作人员"的规定，从思想道德、身体和心理状况以及其他方面对学校工作人员的条件提出了明确要求。这就要求学校在聘用工作人员时，一定要依法严格审查，并按照规定程序聘任，确保学校和学生的安全。

三、教师资格考试

《教师资格条例》第八条至第十一条对教师资格考试做了明确规定。不具备《教师法》规定的教师资格学历的公民，申请获得教师资格，应当通过国家举办的或者认可的教师资格考试。

教师资格考试科目、标准和考试大纲由国务院教育行政部门审定。教师资格考试试卷的编制、考务工作和考试、成绩证明的发放，属于幼儿园、小学、初级中学、高级中学、中等职业学校教师资格考试和中等职业学校实习指导教师资格考试的，由县级以上人民政府教育行政部门组织实施；属于高等学校教师资格考试的，由国务院教育行政部门或者省、自治区、直辖市人民政府教育行政部门委托的高等学校组织实施。

幼儿园、小学、初级中学、高级中学、中等职业学校的教师资格考试和中等职业学校实习指导教师资格考试，每年进行一次。参加相应的教师资格考试，考试科目全部及格的，发给教师资格考试合格证明；当年考试不及格的科目，可以在下一年度补考；经补考仍有一门或者一门以上科目不及格的，应当重新参加全部考试科目的考试。

高等学校教师资格考试根据需要举行。申请参加高等学校教师资格考试的，应当学有专长，并有两名相关专业的教授或者副教授推荐。

四、教师资格认定

具备教师资格的取得要件，并不意味着就能取得教师资格，必须经过法定的程序和法定机构的认可，才能取得教师资格。

（一）教师资格的认定机构

《教师资格条例》第十三条规定：幼儿园、小学和初级中学教师资格，由申请人户籍所在地或者申请人任教学校所在地的县级人民政府教育行政部门认定。高级中学教师资格，由申请人户籍所在地或者申请人任教学校所在地的县级人民政府教育行政部门审查后，报上一级教育行政部门认定。中等职业学校教师资格和中等职业学校实习指导教师资格，由申请人户籍所在地或者申请人任教学校所在地的县级人民政府教育行政部门审查后，报上一级教育行政部门认定或者组织有关部门认定。受国务院教育行政部门或者省、自治区、直辖市人民政府教育行政部门委托的高等学校，负责认定在本校任职的人员和拟聘人员的高等学校教师资格。在未受国务院教育行政部门或者省、自治区、直辖市人民政府教育行政部门委托的高等学校任职的人员和拟聘人员的高等学校教师资格，按照学校行政隶属关系，由国务院教育行政部门认定或者由学校所在地的省、自治区、直辖市人民政府教育行政部门认定。

（二）教师资格的认定程序

依据《教师资格条例》和《〈教师资格条例〉实施办法》的规定，中小学教师资格认定的程序是：

1. 提出申请

教育行政部门和受委托的高等学校每年春季、秋季各受理一次教师资格认定申请。具体受理期限由教育行政部门或者受委托的高等学校规定，并以适当形式公布。申请人应当在规定的受理期限内提出申请。需认定教师资格的，应由本人提出申请，并提交教师资格认定申请表和有关证明材料（身份证明、学历证书或教师资格考试合格证明、普通话水平测试等级证书、教育行政部门或者受委托的高等学校指定的医院出具的体格检查证明、户籍所在地的街道办事处、乡人民政府或者工作单位、所毕业的学校对其思想品德、有关犯罪记录等方面情况的鉴定及证明材料等）。申请人提交的证明或者材料不全的，教育行政部门或者受委托的高等学校应及时通知申请人于受理期限终止前补齐。“教师资格认定申请表”由国务院教育行政部门统一格式。各级各类学校师范教育类专业毕业生可以持毕业证书，向任教学校所在地或户籍所在地教师资格认定机构申请直接认定相应的教师资格。申请认定教师资格者应当按照国家规定缴纳费用。但各级各类学校师范教育类专业毕业生不缴纳认定费用。

2. 资格审查

教师资格认定机构或者依法接受委托的高等学校应当及时根据申请人提供的材料进行初步审查。教师资格认定机构或者依法接受委托的高等学校应当组织成立教师资格专家审查委员会。教师资格专家审查委员会根据需要成立若干小组，按照省级教育行政部门制定的测试办法和标准组织面试、试讲，对申请人的教育教学能力进行考查，提出审查意见，报教师资格认定机构或者依法接受委托的高等学校。对符合条件的，应当在受理期限终止之日起30日内颁发相应的教师资格证书；对不符合条件的，应当在受理期限终止之日起30日内将认定结论通知本人。非师范院校毕业或者教师资格考试合格的公民申请认定幼儿园、小学或者其他教师资格的，应当进行面试和试讲，考查其教育教学；根据实际情况和需要，教育行政部门或者受委托的高等学校可以要求申请人补修教育学、心理学等课程。

3. 颁发证书

依照《教师法》和《教师资格条例》的规定，经认定合格后，由教育行政部门或者受委托的高等学校颁发国务院教育行政部门统一印制的教师资格证书。教师资格证书终身有效，且在全国范围内适用。

已取得教师资格的公民拟取得更高等级学校或者其他教育机构教师资格的，应当通过相应的教师资格考试或者取得《教师法》规定的相应学历,经认定合格后,由教育行政部门或者受委托的高等学校颁发相应的教师资格证书。

取得教师资格的人首次任教应当有试用期,在试用期内,学校或教育行政部门可以对其从事教育教学工作的能力、水平予以考查,决定是否予以聘任或担任某种教师岗位工作。试用期通常为1年。

受国务院教育行政部门或者省、自治区、直辖市人民政府教育行政部门委托的高等学校,负责认定在本校任职的人员和拟聘人员的高等学校教师资格。在未受国务院教育行政部门或者省、自治区、直辖市人民政府教育行政部门委托的高等学校任职的人员和拟聘人员的高等学校教师资格,按照学校行政隶属关系,由国务院教育行政部门认定或者由学校所在地的省、自治区、直辖市人民政府教育行政部门认定。

五、教师资格的丧失和撤销

《教师法》第十四条规定:"受到剥夺政治权利或者故意犯罪受到有期徒刑以上刑事处罚的,不能取得教师资格;已经取得教师资格的,丧失教师资格。"《教师资格条例》第十九条也规定:"有下列情形之一的,由县级以上人民政府教育行政部门撤销其教师资格:(1)弄虚作假,骗取教师资格的;(2)品行不良、侮辱学生、影响恶劣的。被撤销教师资格的,自撤销之日起5年内不得重新申请认定教师资格,其教师资格证书由县级以上人民政府教育行政部门收缴。"2012年国务院《关于加强教师队伍建设的意见》明确规定,"中国将对教师实行师德表现一票否决制,对有严重失德行为、影响恶劣者按有关规定予以严肃处理直至撤销教师资格"。这些规定都反映了国家对教师素质的重视和严格要求。

【案例一】 吴某不服福建省某区教育局吊销教师资格证的处罚决定案。1982年至1988年11月,吴某在福建省某区一所学校任教。1988 年 11 月调到某矿务局从事计划生育工作，后调到该局幼儿园工作。吴某在该局工作期间，虽不在职任教，但该局仍将其作为教师确认其专业技术职务。1996 年 6 月，吴某在实施教师资格过渡工作中以在职教师的身份参加评定，并取得小学教师资格。1998 年 12 月 28 日，某区教育局以吴某的教师资格证书属欺骗取得为由，做出行政处罚决定，撤销吴某的教师资格证书，但做出决定前未告知吴某陈述、申辩等权利。吴某不服，提起行政诉讼，要求撤销该决定。根据《教师资格条例》第十九条规定，案例中某区教育局在本行政区域内具有撤销教师资格证的法定职权，但是行使这一行政处罚权时，必须依法行使。案例中被告在做出撤销吴某教师资格的处罚决定之前，未告知其陈述、申辩、听证等权利，违反了《行政处罚法》、《教育行政处罚暂行实施办法》等规定的法定程序。所以法院根据《行政诉讼法》第五十四条关于违反法定程序的具体行政行为应予以撤销的规定，判决撤销了被告关于撤销吴某教师资格的处罚决定。

【点评】 《教师法》第十条规定，国家实行教师资格制度。取得教师资格，是教师依法享有受聘权的前提。撤销教师资格则意味着剥夺了教师的受聘权。撤销教师资格必须符合法定的条件和遵循相应的程序。(1)撤销教师资格的法定机构和条件。《教师资格条例》第十九条规定，有下列情形之一的，由县级以上人民政府教育行政部门撤销其教师资格：①弄虚作假，骗取教师资格的；②品行不良、侮辱学生、影响恶劣的。(2)撤销教师资格的法定程序。《行政处罚法》第三十一条规定，行政机关在做出行政处罚决定之前，应当告知当事人做出行政处罚决定的事实、理由及依据，并告知当事人依法享有的权利。该法第三十二条规定，当事人有权进行陈述和申辩。原国家教委《教育行政处罚暂行实施办法》规定，教育行政部门在做出撤销教师资格的处罚决定前，除应告知做出处罚决定的事实、理由和依据外，还应当书面告知当事人有要求举行听证的权利。

【案例二】 尹某不服在其教师资格未被撤销之前某市教育局侵犯教师受聘权案。尹某原为某市中学在聘语文高级教师，1996 年 12 月 20 日取得教师资格证书。在他撰写的《入学教育课》论文中，提出了“读书考大学，是为了自己，不是别人”的观点。尹某在其《人世老枪》一书中有“世上的一切都必须为我服务，不然，这一切都没有意义”等言论。尹某在教学过程中曾向学生推销该书。一家媒体刊登了批评尹某“读书是为了挣钱娶美女”观点的文章，引起社会上广泛的关注和争论。某市教育局发现尹某在《入学教育课》论文及《人世老枪》一书中的一些错误言论及其向学生推销作品的问题后，即组织专人对有关情况进行了查处，并向市辖各县市区教育局、城区各中学下发了《关于查处向学生推销〈人世老枪〉问题的情况通报》：同意某市中学对尹某实行解聘；某市的所有学校不得聘尹某当教师。尹某认为这一处理不符合《教师法》的规定，教育局的行为已超出了其权限，遂以某市教育局为被告向法院提起行政诉讼。法院经审理认为：某市教育局对尹某做出的“限聘”决定，是超越职权的违法行政行为，判决撤销某市教育局对尹某做出的“某市的所有学校不得聘尹某当教师”的处理意见。

【点评】 案例中某市教育局做出的禁止各学校聘任尹某当教师的处理意见，指向对象特定，指向范围具体，该行为已经对外产生了拘束力，具有执行力，是一种具体行政行为（行政命令）。该行政命令实际上使尹某在某市教育局所属各学校从事教育教学工作已不可能，直接影响了尹某的基本权利。因此，尹某有权以行政命令违法为由向法院起诉。行政命令作为具体行政行为的一种，必须坚持依法行政的原则。根据《教育法》、《教师法》的有关规定，尹某是已经取得教师资格的教师，在其教师资格未被撤销之前，应当享有受聘权。聘任教师属于学校的自主权，某市教育局以行政命令的方式，对尹某的受聘权进行限制，属越权行为，因此该行政命令是违法的。法院依法撤销了某市教育局违法的行政命令，这是形式法治的内在要求。但这并不表明法律认可尹某的“不符合国家教育主流方向的言行”。教师和其他公民一样享有言论自由的权利，但这一权利不是无限制的。我国《中小学教师职业道德规范》规定：教师应注意培养学生具有良好的思想品德，不传播有害学生身心健康的思想。我国《教师法》第八条规定：教师应遵守宪法、法律和职业道德，为人师表，批评和抵制有害于学生健康成长的现象。某市教育局作为教育行政主管部门，应对尹某的错误言论和行动进行干预，但应采取合法方式，不得超越自己的职权。聘任教师是学校的自主权，某市教育局无权采取行政命令的方式进行干预，但可以采取行政指导的方式，建议尹某所在学校对其进行批评教育；如果尹某拒不接受批评教育，也可建议学校与尹某解除聘任合同。

六、教师资格考试和认定中的违规、法律责任

教师资格制度的实施必须做到“有法必依、执法必严、违法必究”。《教师资格条例》对教师资格考试和认定中的违规、法律责任做了具体规定。参加教师资格考试有作弊行为的，其考试成绩作废，3 年内不得再次参加教师资格考试。教师资格考试命题人员和其他有关人员违反保密规定，造成试题、参考答案及评分标准泄露的，依法追究法律责任。在教师资格认定工作中玩忽职守、徇私舞弊，对教师资格认定工作造成损失的，由教育行政部门依法给予行政处分；构成犯罪的，依法追究刑事责任。

七、《教师资格条例》的修订

目前我国的教育水平和教师队伍的整体情况与《教师法》和《教师资格条例》出台时的情况相比，发生了许多变化，教师培养从封闭走向开放，师范与非师范的界限正在淡化，存在教师资格准入标准偏低、准入标准不统一、准入制度的适用空间和时间范围太大、准入管理机构混乱等问题。因此，对教师的培养和需求标准也应及时做出调整，对《教师资格条例》进行修改非常必要。

2010年颁布实施的《国家中长期教育改革和发展规划纲要（2010～2020年）》明确了改革和完善教师资格制度的意见，包括完善符合职业教育特点的教师资格标准；制定国家教师资格标准，提高教师任职学历标准和品行要求；建立教师资格证书定期登记制度；由省级教育行政部门统一组织中小学教师资格考试和资格认定。《教育部2013年工作要点》明确提出，要“启动教师资格条例修订工作”。

因此，根据《国家中长期教育改革和发展规划纲要（2010～2020年）》精神，对原有法律、法规未能涵盖的、或易引起歧义的以及在我国教师资格制度实施工作过程中出现的新情况和新问题加以政策解释和统一规定，主要涉及认定对象和范围、认定权限、认定程序、合格学历标准及验证办法、师范教育类专业毕业生直接认定、体检标准等方面。应对条例中涉及的教师资格的条件、教师资格类别的设置、教师资格的融通性和时效性、认定程序等进行修改，并增加教师资格考试、教师资格认定收费等细则。要适当提高学历，建立浮动机制；明确教师资格考试的定位；明确规定教师资格的适用年限；取消对教师资格种类的向下融通性原则；取消教师资格证书上的任教学科；取消高等学校的教师资格认定权限；教师资格认定应与职称评定、人事任用等政策相一致；加强申请人员的教育实践培训。要严格把好教师的入职关，一视同仁地执行国家规定的标准，取消对师范教育类毕业生的保护性政策，推行教师资格国家考试制度和教师资格注册登记制度，严格教师资格认定程序，加强教师资格认定管理工作，同时要改变教师资格事实上终身制的局面，要使教师资格制度成为教师教育的重要推进力量和规范手段。

【本章小结】

教师资格制度是国家对教师实行的一种法定的职业许可制度。《教师法》、《教师资格条例》和《〈教师资格条例〉实施办法》确立的教师资格制度成了我国教师资格制度法制规范的完整体系。本章介绍了我国教师资格制度的内涵、实施进程、实施意义，《教师资格条例》中的教师资格分类与适用、教师资格条件、教师资格考试、教师资格认定、教师资格的丧失和撤销以及教师资格考试和认定中的违规、法律责任等内容，并对《教师资格条例》的修订做了分析，使我们对《教师资格条例》的基本内容和我国教师资格制度有了宏观上的把握和认识。

【复习思考题】

1. 什么是教师资格制度？
2. 我国教师资格制度的实施进程是怎样的？其实施意义有哪些？
3. 教师资格分类有哪些？
4. 申请教师资格的条件有哪些？
5. 你认为教师资格考试有哪些注意事项？
6. 教师资格认定的程序有哪些？
7. 何种情况下教师资格会丧失和被撤销？教师资格考试和认定中有哪些违规、法律责任？
8. 你对《教师资格条例》的修订有哪些建议？

第五章　未成年人保护法

《中华人民共和国未成年人保护法》(以下简称《未成年人保护法》)是 1991 年 9 月 4 日第七届全国人大常委会第二十一次会议通过的,2006 年 12 月 29 日第十届全国人民代表大会常务委员会第二十五次会议修订,由 2006 年 12 月 29 日中华人民共和国第 60 号主席令公布,于 2007 年 6 月 1 日起正式施行,本法共有 7 章 72 条。

所谓“未成年人”,是指年龄未满 18 周岁的公民。未成年人是祖国的未来和希望,为他们的健康成长创造一个良好的外部环境,不仅关系到每一个孩子、每一个家庭、每一所学校,而且关系到整个民族的明天。教育最重要的任务是培养具有全面文明素养的人。让孩子学会做人、学会做事、学会求知,让孩子懂得尊重和善待生命,懂得遵守规则和秩序,懂得对自己行为的后果负责,这是家庭、学校、社会义不容辞的责任。同时未成年人也是一个特殊群体,特殊之处即在于他们在社会中处于弱势地位。一方面,他们心理上正处于从无知到有知、从不成熟到成熟的转变时期,心理比较脆弱,更容易受到外界的诱惑和外界的侵犯;另一方面,在人的一生中,总会有相互对立的力量在起作用,正与邪、真与假、善与恶、美与丑交织在一起,影响着每一个人,尤其是对尚未形成固定人生观、世界观、价值观的未成年人影响更大。如何服务未成年人、保护未成年人,是我们时时需要面对的一个社会课题。新修订的《未成年人保护法》的颁布，对于更好地保护未成年人的身心健康、保障未成年人的合法权益，将发挥重要作用。

第一节 《未成年人保护法》概述

一、《未成年人保护法》修订的背景

1991 年，我国颁布了第一部保护未成年人的专门法律《中华人民共和国未成年人保护法》。当年颁布的这部法律共 7 章 56 条，它在我国确立了保护未成年人的指导思想和工作原则。继《未成年人保护法》之后，1999 年九届全国人大常委会又制定了《中华人民共和国预防未成年人犯罪法》(以下简称《预防未成年人犯罪法》)。两部法律的颁布实施，把保护未成年人合法权益，预防未成年人违法犯罪工作纳入法治轨道，对于增强全社会依法保护未成年人意识，形成有利于未成年人健康成长的社会环境，发挥了重要作用。

十多年来，我国对未成年人的保护取得了骄人的成绩，但也存在着一些问题。表现在：工作发展还很不平衡；社会不良文化对未成年人的负面影响令人担忧；家庭教育普遍存在重智育轻德育、重身体发育轻心理健康的倾向，离异家庭的未成年子女教育保护问题比较突出；贫困地区和流动人口中，未成年人失学辍学问题比较严重；校园及其周边仍存在许多不安全因素；未成年人的犯罪率依然较高，对未成年人的司法保护还存在一些不尽如人意的地方等。

随着社会的发展，为更好地保护未成年人，需要对 1991 年颁布的《未成年人保护法》进行全面修订。

【案例】 据《华夏时报》报道，2006 年 9 月北京市大兴区

瀛海镇取缔了一所叫“源海实验学校”的打工子弟学校。因为对取缔有异议，学校部分老师和学生没有离去，而是从9月22日起，一直在校门外露天上课。他们一边上课(当然，除了体育课以外的副科全部暂停)，一边申请行政复议。结果到了11月，北京市的最低气温已降至－2℃。源海实验学校留下的29名学生只能按照年级分成了两拨，转移到校车和老师家里继续上课。

【点评】 社会环境的变迁总是会带来一些新的问题，外来务工人员子女受教育权益，需要通过制定相应的法律、法规来加以落实和解决。

二、《未成年人保护法》修订的过程

2003年年底，十届全国人大常委会五年立法规划将修订《未成年人保护法》列入其中，并明确全国人大内务司法委员会为牵头修订起草单位。随后，内务司法委员会对修订工作进行了初步研究，提出了修订的指导思想、原则和工作方案。2004年下半年，修订起草工作正式启动。此后，修订工作大致经历了委托共青团中央调研起草、内务司法委员会研究起草、广泛征求意见、进一步研究修改和全国人大常委会审议四个阶段。在这期间，修订小组多方征求意见，进行实地考察、调研等。最后，于2006年10月下旬，全国人大常委会第二十四次会议对《未成年人保护法》修订草案进行了第二次审议。会后，经过进一步研究修改，形成三审稿。12月下旬，全国人大常委会第二十五次会议审议通过了《未成年人保护法》修订草案。

《未成年人保护法》的立法宗旨是：保护未成年人的身心健康，保障未成年人的合法权益，促进未成年人在品德、智力、体质等方面全面发展，培养有理想、有道德、有文化、有纪律的社会主义建设者和接班人。《未成年人保护法》的有关规定，不仅解决了

“保护谁”和“保护什么”的问题，而且回答了由“谁来保护”和“如何保护”的问题。

三、《未成年人保护法》修订的原则

保护未成年人工作的基本原则是指保护未成年人工作应遵循的基本准则，它贯穿于保护未成年人工作的始终，是保护未成年人工作的出发点和归宿。此次《未成年人保护法》修订主要遵循三个原则：

（一）照顾未成年人的生理和心理特点

《未成年人保护法》是专门针对如何保护未成年人权益的法律。在制定这部法律时，我们必须要针对未成年人自身的特点，才能制定出相应的切实有效的行为准则。

我国法律规定：18周岁以上的公民是成年人，未满18周岁的公民是未成年人。我国法律规定的未成年人与联合国《儿童权利公约》中的“儿童”是一致的，《儿童权利公约》规定：“儿童系指18岁以下的任何人。”我国《未成年人保护法》所要保护的就是18周岁以下的我国公民。我国拥有数量庞大的未成年人群体。2000年，我国第五次人口普查结果是，未成年人约有3.45亿，约占当时全国总人口12.43亿的27.8%。根据国家统计局2005年全国1%人口抽样调查结果推算，我国未成年人约有3.41亿，这是一个相当大的群体。而这个群体是身心发育尚未成熟的特殊群体，具有特殊的生理和心理特征。从生理上看，未成年人的骨骼有较大的弹性和可塑性，呼吸肌较弱，肺活量较小，脑神经元幼嫩，脑细胞工作的耐力较差，少年期开始性发育等；从心理上看，未成年人感知表象化，注意力不稳定、不持久，好奇心强，模仿能力强，自我控制力差，心理品质可塑性大，记忆的特点是以机械记忆为主，思维的特点是以形象思维为主等。

未成年人的这些特征决定了未成年人非常需要国家、社会、学校和家庭给予特别的关心和爱护。而且，在新法中，它强调要根据未成年人身心发展的规律和特点给予特殊、优先保护。这是保护未成年人工作的一项总原则，也是贯穿全法的一条主线。比如，在"家庭保护"一章中，增加了父母或者其他监护人应当"关注未成年人的生理、心理状况和行为习惯"的内容；在"学校保护"一章中规定，"学校应当根据未成年学生身心发展的特点，对他们进行社会生活指导、心理健康辅导和青春期教育"；在"社会保护"一章中规定，"学校、幼儿园、托儿所和公共场所发生突发事件时，应当优先救护未成年人"，"爱国主义教育基地、图书馆、青少年宫、儿童活动中心应当对未成年人免费开放"；博物馆、纪念馆、科技馆、展览馆等场所，应当按照有关规定对未成年人免费或者优惠开放；在"司法保护"一章中规定，"公安机关、人民检察院、人民法院办理未成年人犯罪案件和涉及未成年人权益保护案件，应当照顾未成年人身心发展特点，尊重他们的人格尊严，保障他们的合法权益，并根据需要设立专门机构或者指定专人办理"，等等。这些新法条不仅关注未成年人的健康和安全，并且开始关注他们的成长环境。

（二）兼顾本法与其他法律的关系

未成年人保护工作涉及面很广，我国民事、刑事、行政、社会等很多法律都有关于未成年人保护的内容，如，与本法直接相关的有《义务教育法》和《预防未成年人犯罪法》等。此次修订《未成年人保护法》就充分注意，并且处理好了本法与其他法律的关系，做到与其他相关法律相协调、相衔接。在修订本法的过程中，坚持凡是其他法律有明确规定的，本法不再重复，或者只做原则性、衔接性规定；其他法律没有规定或者规定不够完善的，在本法修订中尽可能做出明确规定。比如《预防未成年人犯罪法》第十五条规定:“未成年人的父母或者其他监护人和学校应当教育未成年人不得吸烟、酗酒。任何经营场所不得向未成年人出售烟酒。”但是,由于没有具体的处罚条文规定,结果使有关部门在处理时无法可依,只好不做处罚。最近商务部出台了向未成年人售酒的有关处罚规定,但向未成年人售烟问题仍没有得到实际解决。实际上,烟比酒对未成年人的危害更大。对此,新修订的《未成年人保护法》,在“法律责任”一章明确了有关处罚措施。新法第六十七条明确提出,“向未成年人出售烟酒,或者没有在显著位置设置不向未成年人出售烟酒标志的,由主管部门责令改正,依法给予行政处罚”。

(三)法律的现实针对性和可操作性

当前,未成年人保护工作面临的问题很多、很复杂,不可能通过修订一次法律全部解决,应当抓主要矛盾,力求解决突出问题。此次修订的《未成年人保护法》的重点主要集中在以下方面:

(1)执法主体职责不够明确、未成年人保护工作机制不够健全的问题。

(2)家长不履行或者不正确履行监护职责问题。

(3)校园安全问题、未成年人沉迷网络问题。

(4)对流浪、乞讨、失去监护等生活无着落未成年人的救助问题。

(5)优化未成年人成长的社会环境,预防和减少未成年人违法犯罪问题等。

这样一来,整个法律的修订就更具针对性,当然也反映出新环境下的新要求。与此同时,新法对《未成年人保护法》实施十多年来,各地各部门积累的很多好经验、好做法,进行了认真总结,并且把成熟的、带有普遍性的经验上升为法律。比如说,一些地方健全未成年人保护工作协调机制,充分发挥统一协调、指导和督促未成年人保护工作的作用；还有将未成年人保护工作纳入国民经济和社会发展规划；建立流浪儿童救助保护机构；加强和改进对有严重不良行为的未成年人的教育和矫治；加强对营利性网吧的管理，注重从源头上防止未成年人沉迷网络；加强对失足未成年人的教育挽救等。此次新法的修订，充分地体现了《未成年人保护法》对未成年人重在保护的特征。

第二节　《未成年人保护法》的主要内容

修订后的《未成年人保护法》从 1991 年《未成年人保护法》的五十六条增加到七十二条，其中，有二十五条是新增加的；另外四十七条中，三十二条有实质性修改，十一条有文字性修改，未改的仅有四条，可以说这次对《未成年人保护法》的修订是一次全面修订。修订的内容主要集中在以下几个方面：

一、进一步明确未成年人的权利和保护原则

除了上面我们谈到过的，修订后的《未成年人保护法》第三条第一款明确规定："未成年人享有生存权、发展权、受保护权、参与权等权利。"新法还特别强调未成年人受教育的权利。受教育权是公民的基本权利。我国《宪法》规定："中华人民共和国公民有受教育的权利和义务。""国家培养青年、少年、儿童在品德、智力、体质等方面全面发展"，也正是基于受教育权对未成年人成长的特殊重要性，修订后的《未成年人保护法》第三条第二款规定："未成年人享有受教育权，国家、社会、学校和家庭尊重和保障未成年人的受教育权。"同时，为了保障未成年人权利的实现，修订后的《未成年人保护法》在家庭保护、学校保护、社会保护、司法保护和法律责任各章，分别从不同方面做出了相应规定，为更好地保障

未成年人的各项权利提供了法律依据。

其实还有一些保护原则可以从新法的各章法条中解读出来。新法第三条第二款关于“未成年人不分性别、民族、种族、家庭财产状况、宗教信仰等，依法平等地享有权利”的规定，可以说，既是未成年人的一项重要权利——平等权，又是保护未成年人必须遵循的一项重要原则——平等原则。还有，我们上面已经谈过的要照顾未成年人的生理和心理特点原则。新的《未成年人保护法》第五十六条特别提到，公安机关、人民检察院、人民法院办理未成年人遭受性侵害的刑事案件，应当保护被害人的名誉。这一点也很重要。现在一些未成年少女被强奸后，由于办理案件时没有私下进行，结果村里、学校里的人都知道了，反而给被害人造成极大伤害。新的《未成年人保护法》第五十六条还提出，公安机关、人民检察院在讯问未成年犯罪嫌疑人，询问未成年证人、被害人，应当有监护人在场。这一条款既考虑到未成年人的特点，又能有效防止刑讯逼供和诱供现象的发生。

【案例】 安徽某地的4位未成年学生屈打成招案：2005年9月2日，老农刘某某在一水塘边，被4名不明身份男子打伤后不幸身亡。9月9日，当地公安分局办案人员把张某某、张某、焦某、王某带到刑警大队。他们中最大的刚满18岁，最小的只有16岁。办案人员找到这4名学生，仅仅是因为有一位农民反映，可能是村里的小孩张某某俩兄弟干的，但他并没有提供任何实质性证据。第二天公安部门就决定将他们刑事拘留。据后来张某某反映，他们几天几夜没能睡觉，被手铐铐在墙上。警察对他们反复追问，如果当事人回答不是自己干的，警察就会向他的左胸口打几拳，而另一个警察用皮带在桌上猛抽。警察还威胁说，如果再不承认就把他家里人全抓进来，几个孩子非常害怕，于是就按警察说的承认了。他们讲的内容其实都是按警察的提示编出来的，并且如果不合要求，他们就要跪下来重新想，等想好后才能再站起来。侦查人员轮番审讯，不让犯罪嫌疑人睡觉的行为，其实是一种变相的刑讯逼供。后来直到 2006 年 1 月份，该分局抓获了王某、刘某等 4 名真正的凶手，才于 23 日释放了 4 人。应该说这起案件会在这几个学生心理造成无法磨灭的阴影。在看守所里，这些学生都有些不想活下去了。张某某说：自己"非常害怕，心情特别复杂，因为听人说，一旦承认了，事情就定下来了，翻供希望很小"。

【点评】 在本案中，当地公安分局办案人员的做法明显违反了我国法律的相关规定，对他们的违法行为要依法予以追究。

二、进一步明确政府及其有关部门、学校、家庭和社会的责任

对未成年人的保护、关心和教育，需要社会各方面共同努力、互相协调和互相配合。为此，新修订的《未成年人保护法》从家庭保护、学校保护、社会保护、司法保护等角度进一步明确了政府及其相关部门、学校、家庭和社会的责任，努力为未成年人的健康成长创造一个良好的环境。

1. 政府

保护未成年人是全社会的共同责任，各级政府责任尤为重大。新法进一步明确了政府及其有关部门执法主体的地位和职责。2006 年 3 月，第十届全国人民代表大会第四次会议批准的《中华人民共和国国民经济和社会发展第十一个五年规划纲要》就有多处内容涉及未成年人保护工作。修订后的《未成年人保护法》第七条也明确规定："国务院和地方各级人民政府领导有关部门做好未成年人保护工作。"同时，为了使各有关部门能够协调互动，形成合力，法律还规定："国务院和省、自治区、直辖市人民政

府采取组织措施，协调有关部门做好未成年人保护工作。具体机构由国务院和省、自治区、直辖市人民政府规定。”同时在“社会保护”一章和“法律责任”一章中，新法对县级以上人民政府及其教育、公安、民政、文化、卫生等有关部门的责任做了进一步规定。可以说，进一步明确和强化政府及其有关部门的职责是本法修订的重点之一。

2. 家庭

家庭在未成年人保护工作中承担着重要责任，家庭环境如何、父母素质如何、父母履行监护职责的状况如何，往往影响、有时甚至决定孩子的一生。我国历来重视家庭在养育孩子方面的作用，《未成年人保护法》规定的“四大保护”，排在第一位的就是家庭保护。我国家庭保护的情况总体上是好的，但依然存在不少问题。有的动辄打骂，有的娇惯溺爱，有的放任自流，有的自身有不良习气而影响孩子，有的望子成龙在学习上逼迫孩子，等等。同时，随着计划生育的实施，独生子女增多；随着农民工队伍的壮大，留守儿童增多；随着离婚率的上升，单亲家庭增多，等等，这些新的情况给家庭保护提出了新的挑战。针对上述问题，修订后的《未成年人保护法》主要增加了以下内容：一是规定“父母或者其他监护人应当创造良好、和睦的家庭环境”，“禁止对未成年人实施家庭暴力”。二是规定“父母或者其他监护人应当学习家庭教育知识，正确履行监护职责，抚养教育未成年人”。“有关国家机关和社会组织应当为未成年人的父母或者其他监护人提供家庭教育指导”。三是规定“父母或者其他监护人应当根据未成年人的年龄、智力发展状况，在作出与未成年人权益有关的决定时告知其本人，并听取他们的意见”。四是规定“父母因外出务工或者其他原因不能履行对未成年人监护职责的，应当委托有监护能力的其他成年人代为监护”。

3. 学校

学校是教育、培养未成年人的基地，不仅要履行对未成年人的教育职能，还要依法承担对未成年人的保护义务。20 世纪 90 年代以来，我国先后制定了《教育法》、《预防未成年人犯罪法》、《职业教育法》、《教师法》、《民办教育促进法》等法律，2006 年又全面修订了《义务教育法》。这些法律对于学校的设置及职责、教师的权利和义务、未成年人受教育权的保障等做出了比较明确的规定。根据未成年人保护的特点和当前学校保护中面临的突出问题，修订后的《未成年人保护法》主要增加了以下几个方面的内容：一是为了全面贯彻国家的教育方针，强调"实施素质教育，提高教育质量，注重培养未成年学生独立思考能力、创新能力和实践能力，促进未成年学生全面发展"。二是为了保障未成年人身心健康发展，规定"学校应当与未成年学生的父母或者其他监护人互相配合，保证未成年学生的睡眠、娱乐和体育锻炼时间，不得加重其学习负担"。三是为了保障未成年学生的人身安全，规定"学校、幼儿园、托儿所应当建立安全制度，加强对未成年人的安全教育，采取措施保障未成年人的人身安全"。并对学校安全事故的预防、报告和处理等做出了新规定。四是为了预防和减少未成年人违法犯罪，规定"对于在学校接受教育的有严重不良行为的未成年学生，学校和父母或者其他监护人应当互相配合加以管教；无力管教或者管教无效的，可以按照有关规定将其送专门学校继续接受教育"。并规定："依法设置专门学校的地方人民政府应当保障专门学校的办学条件，教育行政部门应当加强对专门学校的管理和指导，有关部门应当给予协助和配合。"

4. 社会

社会保护特指在社会生活环境中对未成年人实行的保护，其作用归结到一点，就是创造一种有利于未成年人健康成长的社会环境。这次修订在本章第一条增加一款："全社会应当树立尊重、保护、教育未成年人的良好风尚，关心、爱护未成年人。”

这部分主要增加了以下内容：一是针对未成年人活动场所不足、有些场所利用又不够充分等问题，修订后的《未成年人保护法》第三十条规定：“爱国主义教育基地、图书馆、青少年宫、儿童活动中心应当对未成年人免费开放；博物馆、纪念馆、科技馆、展览馆、美术馆、文化馆以及影剧院、体育场（馆）、动物园、公园等场所，应当按照有关规定对未成年人免费或者优惠开放。”第三十一条规定：“县级以上人民政府及其教育行政部门应当采取措施，鼓励和支持中小学校在节假日期间将文化体育设施对未成年人免费或者优惠开放。”并规定鼓励社会力量兴办适合未成年人的活动场所。二是为了使未成年人免受不良文化的危害，规定中小学周边不得设置营业性歌舞娱乐场所和互联网上网服务营业场所，如网吧，其他地方设置的这些场所不得允许未成年人进入，禁止制作和向未成年人出售、出租不良文化产品。特别是针对未成年人沉迷网络这一突出问题，增加一条新规定：“国家采取措施，预防未成年人沉迷网络。”“国家鼓励研究开发有利于未成年人健康成长的网络产品，推广用于阻止未成年人沉迷网络的新技术”。三是为了维护未成年人的人身权，规定：“禁止拐卖、绑架、虐待未成年人，禁止对未成年人实施性侵害。”“禁止胁迫、诱骗、利用未成年人乞讨或者组织未成年人进行有害其身心健康的表演等活动。”“公安机关应当采取有力措施，依法维护校园周边的治安和交通秩序，预防和制止侵害未成年人合法权益的违法犯罪行为。”并对用于未成年人的食品和药品等的质量标准、禁止向未成年人出售烟酒等问题做了规定。四是为了更好地维护弱势未成年人群体的合法权益，规定：“各级人民政府应当保障未成年人受教育的权利，并采取措施保障家庭经济困难的、残疾的和流动人口中的未成年人等接受义务教育。”并对孤儿和流浪、乞讨等生活无着落未成年人的救助问题进一步做了规定。

三、进一步明确司法保护和法律责任

对未成年人的司法保护，是指公安机关、人民检察院、人民法院以及司法行政部门，即广义的国家司法机关，通过依法履行职责，对未成年人所实施的一种专门保护活动。司法保护同其他保护相比，既有特定的保护内容和保护手段，又对其他保护具有监督、保障和促进作用。原法规定的“司法保护”，主要是司法机关办理未成年人违法犯罪案件过程中的保护，不够全面。本次修订主要强化了司法机关办理侵权案件工作中对未成年人的保护，规定：“公安机关、人民检察院、人民法院以及司法行政部门，应当依法履行职责，在司法活动中保护未成年人的合法权益。”“未成年人的合法权益受到侵害，依法向人民法院提起诉讼的，人民法院应当依法及时审理，并适应未成年人生理、心理特点和健康成长的需要，保障未成年人的合法权益。”还对未成年人的法律援助和司法救助做了规定。同时，为了更好地贯彻教育、感化、挽救的方针，修订后的《未成年人保护法》补充了一些新内容，“对违法犯罪的未成年人，应当依法从轻、减轻或者免除处罚”；“公安机关、人民检察院讯问未成年犯罪嫌疑人，询问未成年证人、被害人，应当通知监护人到场”；“对羁押、服刑的未成年人没有完成义务教育的，应当对其进行义务教育”。

同时，为了使《未成年人保护法》与其他相关法律、法规有机衔接，减少遗漏和不必要的重复，“法律责任”一章还规定：“违反本法规定，侵害未成年人的合法权益，其他法律、法规已规定行政处罚的，从其规定；造成人身财产损失或者其他损害的，依法承担民事责任；构成犯罪的，依法追究刑事责任。”

第三节　学校对未成年人的保护

一、学校在未成年人保护中的地位和作用

（一）学校保护的含义和特征

学校是保护未成年人的重要场所和重要主体。学校保护是指各级各类学校在其自身的职能范围内，依照法律、法规的规定，对在校的未成年学生进行安全健康等方面的教育，并对他们的身心健康和合法权益所实施的保护。

学校保护具有以下的特征：

(1)学校保护的实施主体是各级各类学校及其教师和学校其他工作人员。

(2)学校保护的对象是在校学习的未成年学生，以及依照法律规定应当接受教育的未入学儿童和辍学流失的未成年人。

(3)学校保护的内容是教育性保护和在实施教育过程中与教育相关的未成年学生的合法权益和身心健康的保护。

（二）学校在未成年人保护中的地位和作用

学校是对受教育者实施有目的、有计划、有系统、有组织的教育的专门机构。未成年人的成长离不开学校的教育和培养。学校对未成年人所具有的这种特殊功能，决定了学校在未成年保护中居于突出地位，具有不可替代的作用：

(1)学校是保护未成年人，为社会培养人才的基地。在未成年人保护工作中，学校应教育未成年人树立正确的人生观和价值观，端正思想、提高素质。以国家的教育方针为指针，培养德、智、

体、美全面发展的社会主义建设者和接班人。

(2)学校是保护未成年学生合法权益和身心健康的专门机构，不仅具有在教育教学过程中对本校的未成年学生进行保护的权利和义务，还享有对社会、家庭及公民侵害未成年学生合法权益和身心健康时的干预权、向人民法院提起诉讼的起诉权、借助大众传播媒介的舆论批评权、家庭教育的指导权等。

(3)学校是预防和矫治未成年人违法犯罪的重要环节。因为未成年人心智发育不成熟，最容易走上犯罪道路。学校遵循未成年人身心发展的规律来教育和保护未成年人，有助于防范未成年人不良行为的发生。

二、学校在未成年人保护中的义务

新的《未成年人保护法》规定学校要履行以下几个方面的义务：保护未成年人身心健康和安全、保护未成年人受教育权、保护未成年人人格尊严、保护特殊群体未成年人、防范未成年人沉迷网络。

(一)保护未成年人身心健康和安全

生命和健康对每个人来说都是最重要的，特别是处于成长初期的未成年人，学校保障未成年人的任何权利都要以学生的健康和安全为前提。确保学生的身心健康和生命安全是学校保护的核心内容。

1. 学校教育教学中不能忽视学生的身体健康

我国法律规定，公民享有生命健康权，生命健康权不容他人侵犯。未成年人作为社会中的弱势群体和民族的未来，其生命和身心健康受到法律的特殊保护。生命健康权包括生命权和健康权两项人身权。

生命健康权是人们生存和发展的基本权利，是人身权的重要组成部分，且居于首要地位。生命权是以生命安全为内容的、他人不得非法干涉侵害的权利。健康权是以身体的内部机能和外部完整性为主要内容的一种人身权。健康是指人体各器官系统发育良好、功能正常、体质健壮、精力充沛、具有良好的劳动效能的状态，既包括各器官系统生理机能的健康，也包括精神上的健康；既包括身体外部的完整，也包括身体内部各器官和劳动能力的完整。珍爱生命、维护身心健康既是我们的权利，也是我们对自己、对社会应尽的义务。

由于优质教育资源相对比较匮乏，激烈的升学竞争与之相伴而生。学校因升学率而设置教学目标，家长因“望子成龙”而严于督促，学生则不得不为前途打拼，这就使学生的课业负担越来越重。针对当前学校教育中的这一突出问题，新的《未成年人保护法》第二十条规定：“学校应当与未成年学生的父母或者其他监护人互相配合，保证未成年学生的睡眠、娱乐和体育锻炼时间，不得加重其学习负担。”第二十二条第三款规定：“学校、幼儿园安排未成年人参加集会、文化娱乐、社会实践等集体活动，应当有利于未成年人的健康成长，防止发生人身安全事故。”第十七条规定：“学校应当全面贯彻国家的教育方针，实施素质教育，提高教育质量，注重培养未成年学生独立思考能力、创新能力和实践能力，促进未成年学生全面发展。”素质教育相对于应试教育更有利于提高学生多方面的能力，促进学生综合素质的提高。在新修订的《中华人民共和国义务教育法》中，也将“学校推进素质教育”写进了法条。所以，教育质量的提高应着重在转变育人模式上下工夫，而不是用学生的身心受损作代价。学校教学要按《教育法》规定减轻学生负担，让学生更多地参加社会实践活动，使学生的德、智、体、美都能得到全面健康发展。

【案例】 2010 年夏天，江西省某中学为迎接市里的验收，准备举行一次夏季运动会。连续数日，在高温天气下，组织全校 610 多名女生进行开幕式排演。据江西省气象台报道，2010年7月上旬，该市最高气温达到36.7摄氏度，由于温度过高，很多学生体力不支，纷纷晕倒。可学校只是为学生分发饮料来防暑并没有停止排练，个别学生的家长得知情况后很是不满，来找学校评理，学校的答复是已经为学生提供了防暑饮品，况且训练场地在室内体育场。面对学校的强硬态度，家长只得要求自己孩子退出排练。

【点评】 中、小学阶段的学生处在身体发育期，高温下排练对身体成长有害无益。况且，即便在避免烈日直射情况下，如果达到相应的高温，也不宜组织未成年人开展耗费体力的活动。该中学安排未成年学生参加集体活动，应当考虑到未成年人的人身安全，该中学在高温下组织学生排练的做法，严重侵犯了未成年人的合法权益，危害到未成年人的身体健康，是不当的。

2. 学校具有保护学生心理健康的义务

新的《未成年人保护法》第十九条规定："学校应当根据未成年学生身心发展的特点，对他们进行社会生活指导、心理健康辅导和青春期教育。"

随着社会的发展，心理健康问题应引起我们的重视。没有强健的体魄，难以带来正常的发展，但若没有健康的心理，也难以形成完善的人格。心理健康与我们每个人都息息相关，对我们的国家发展、民族进步更具有重要意义。当前我国未成年人最大的问题不是"身"的保护，更多的是"心"的问题。就业竞争、家长过高的期望、过重的学习负担等，都给学生带来了巨大的压力，使学生很迷茫和困惑。为了让孩子们健康成长，各级各类学校的教育工作者们都应该来关心他们。教师应当掌握相关心理方面的知识，当发现学生情绪不好、脾气暴躁时，应该及时找出症结所在，加以正确疏导，以利于学生的健康成长。

未成年人的心理困扰主要表现在以下几个方面：

(1)学习方面。学习中的心理障碍、学习情绪的调节、克服学习困难的能力等。

(2)交往方面。同学间的关系、师生间的关系、亲子间的关系。

(3)青春期的困惑。早恋、单相思等。

以上这些问题具有阶段性,不同年级侧重点不同,因此要有针对性地加以引导。

【案例】 一个女生在第一次高考模拟考试中,由于过度紧张,考得不好,物理、化学两科不及格,心情很不好。她的母亲下岗卖盒饭,特别辛苦,对她照顾得无微不至,每天为她准备夜餐。家人不看电视,怕影响她学习。她感到压力很大,这次考得不好,她觉得对不起母亲,也对不起老师

【点评】 对于毕业班的学生来说,存在的主要问题是学习任务重、压力大等问题,对此教师应主动与她交谈,告诉她模拟考试并不代表高考成绩,现在的关键是如何对待这次模拟考试,让她对考试有一个正确态度。回去后,一是根据此次考试查找一下原因:哪些是会的,由于思维定势没有做对;哪些是马虎;哪些是根本不会,然后采取相应措施。二是掌握一些复习技巧,如何处理不会的问题。三是要理解自己的母亲,自己要保持平常心,不要压力太大,像平常一样学习和生活。帮助学生进行放松训练,消除考试的紧张感。

学校应设置心理咨询机构、建立完善科学的教育辅导,由专家和心理医生对青少年进行专门的心理调研,掌握其心理现状,研究控制不良心理的对策,以指导和帮助青少年。在这里要特别强调的是,心理辅导不是什么人都能做的,中小学应该逐步配备具有法定资质的心理教师,不能简单地安排一个没有专业知识的人来担此重任。

3. 学校应当建立安全制度

新的《未成年人保护法》第二十二条规定:“学校、幼儿园、托

儿所应当建立安全制度，加强对未成年人的安全教育，采取措施保障未成年人的人身安全。学校、幼儿园、托儿所不得在危及未成年人人身安全、健康的校舍和其他设施、场所中进行教育教学活动。学校、幼儿园安排未成年人参加集会、文化娱乐、社会实践等集体活动，应当有利于未成年人的健康成长，防止发生人身安全事故。"第二十三条规定："教育行政等部门和学校、幼儿园、托儿所应当根据需要，制定应对各种灾害、传染性疾病、食物中毒、意外伤害等突发事件的预案，配备相应设施并进行必要的演练，增强未成年人的自我保护意识和能力。"

校园设施和校舍的安全直接关系学生的人身安全。学校对校园设施建设隐患的忽视会造成严重后果。

【案例】 安徽某校栏杆太矮学生摔伤案：王某系合肥市一所小学六年级学生。2005 年 1 月下旬的一天下午，王某从本班教室出来欲下楼。当行至三楼下二楼的第四、五级台阶时，听到二楼同学方某的声音，便手搭在楼梯栏杆上，头伸着往楼下看，忽然身体失衡从栏杆处翻出，摔在二楼上三楼的台阶上，鼻部当场出血，后被送往医院治疗。经安徽省立医院医学鉴定，王某左眼视神经萎缩、左眼视力下降与外伤有关，法医鉴定为八级伤残。经法院实地勘验，事发地点楼梯栏杆高度为 75 厘米。

【点评】 在本案中，学校应该为学生提供符合国家规定标准的校舍、场地及其他公共设施、设备等。根据《中小学校建筑设计规范》规定，室外楼梯及水平栏杆（或栏板）的高度不应低于 110 厘米。而事发地点室外楼梯栏杆仅为 75 厘米，明显低于规定高度，存在安全隐患。楼梯栏杆低矮是造成王某摔伤的直接原因，学校疏于安全防范，未能尽到确保楼梯栏杆高度符合国家规定标准的法定义务，与王某受伤具有因果关系，应承担全部赔偿责任。

近几年发生的校园安全事故中，很多是由于学校没有相关的安全制度，没有应对各种灾害的预案，出了事就慌了手脚，结果造成原本可以避免的伤害，这与一些中小学校对学生安全防护措施不足有紧密联系。有的学校一门心思抓教学，不把安全教育放在心上，该建立的预防公共安全突发事件机制没建立，该开设的安全课程没开设，学校的日常工作中安全责任不落实，安全工作不到位。凡此种种，都是当前应当引起警醒，需要学校改进的。

4. 学校负有及时救助义务

修订后的《未成年人保护法》第二十四条规定："学校对未成年学生在校内或者本校组织的校外活动中发生人身伤害事故的，应当及时救护，妥善处理，并及时向有关主管部门报告。"。

【案例】 河北某中学学生食物中毒案：2005 年 9 月 22 日傍晚，河北省某中学的学生结束军训后，到学校第二食堂就餐，晚餐为粥、米饭、包子、炒菜等，18 时左右，一些学生在吃完饭后仅几分钟就出现抽搐、头晕、呕吐等现象，学校及时打了 120 急救电话，救护车很快赶来。事发后，学校立即向当地政府报告，该市随即启动紧急预案。大部分学生被送到燕郊镇医院，18 名症状严重的学生于 23 日凌晨被送到位于北京通州区的解放军 263 医院。经调查，这次中毒事件是由于学生食用了含有"四亚甲基二(石加风)四胺"(即毒鼠强)成分的食物所致。

【点评】 该校对学生就餐后出现的抽搐、头晕、呕吐等不正常现象的处置是及时、妥当的，为挽救学生的生命赢得了宝贵时间。至于食物中为何会出现"毒鼠强"成分，则由公安机关来调查取证，并依法加以处理。

(二)保护未成年人受教育权的义务

我国《宪法》第四十六条规定："中华人民共和国公民有受教

育的权利和义务。”《教育法》第二十九条规定，学校有“维护受教育者合法权益”的义务；《教师法》第八条规定教师有“关心、爱护全体学生，尊重学生人格，促进学生在品德、智力、体质等方面全面发展的义务”。从这些规定看，侵犯学生受教育权是法律明确禁止的行为，即是一种违法行为。

1. 修订后的《未成年人保护法》体现了学校全面贯彻国家教育方针的原则

“全面贯彻”即意味着要使学生得到全面发展，同时也意味着学校教育要面向全体学生。受教育权是法律赋予每个公民的一项基本而神圣的权利，受教育权的拥有是未成年人成长和发展的基础。每个人在法律面前都是平等的，每个学生在教育面前也应该是平等的。学习好坏与否、家庭贫富与否、身体残疾与否……都不能作为是否享有受教育权的标准，只要是中国的公民就具有受教育权。学校有义务保障正常儿童、残疾儿童、问题儿童、家庭困难儿童、少数民族儿童等所有未成年人的受教育权。

2. 修订后的《未成年人保护法》明确规定学校开除学生是侵犯学生受教育权的违法行为

学校教育学生离不开对学生的管理，学校管教学生就具有相应的管教权。对于学生的错误行为，学校有权也应该对其进行教育，必要的时候可以采取惩罚的措施。以往，学校对于严重违反学校校规、校纪的学生或具有严重不良行为的学生可以给予严重惩罚，比如，勒令其退学或开除其学籍。但是修订后的《义务教育法》和修订后的《未成年人保护法》都明确规定，不论何种情况，学校都不得开除未成年学生。法律的这种规定是为了更好地保障未成年人，使其能够健康成长。因为未成年学生年龄尚小又没有一技之长，一旦失学或辍学，过早进入社会后就无法就业，极易走上违法犯罪道路。学校保障未成年人接受义务教育不光是对未成年人受教育权的保证，也是对未成年人健康发展的保证。

3. 修订后的《未成年人保护法》突显了对“问题学生”受教育权的保护

受教育权的一项内容就是教育机会的均等。不能因政治思想、家庭出身和经济困难等原因而排斥公民特别是儿童和学生教育机会的均等权。

【案例】 随意开除学生案：小学六年级学生陈××平时特别贪玩，人很聪明但却没有将心思用在学习上，还动辄与同学寻衅滋事，学习成绩在班上处于最后。有一次陈××瞒着父母逃学，在一家电子游戏厅玩了一整天。班主任得知此事后建议学校将陈××开除，主要理由是陈××这样的差生很可能会对其他同学产生不好影响。学校采纳了班主任的建议，一纸布告将陈××开除学籍。陈××的父母认为学校不能随意开除学生，多次找学校领导要讨个说法，并向当地法院提起了诉讼。

【点评】 开除严重违反纪律的学生，对维护学校正常的教育教学秩序确有一定作用，但冷静思考一下，开除学生不但有违学校的教育职责，也无法律上的依据。中小学生由于辨别能力和自制能力较差，犯错在所难免，学生犯了错，学校和教师理所应当对其进行科学的教育。若拒绝给学生以改正错误的机会，动辄以开除伺候，实在有违教育的本质和宗旨。学校是教书育人的场所，教育学生是学校的责任和义务，而开除学生则是把学生不负责任地推向社会，这无疑违背了教育者的职业道德和良知。

（三）学校有保护未成年人人格尊严的义务

人格尊严是《宪法》赋予每个公民的神圣权利，未成年人的人格尊严同样受法律保护。新的《未成年人保护法》第二十一条规定："学校、幼儿园、托儿所的教职员工应当尊重未成年人的人格尊严，不得对未成年人实施体罚、变相体罚或者其他侮辱人格尊严的行为。"

学校、幼儿园的教师和工作人员对未成年人人格尊严的保护和尊重主要体现在以下几个方面：

1. 尊重学生的隐私权

未成年人作为一般公民也享有隐私权，同样也受到法律保护。新的《未成年人保护法》第三十九条规定："任何组织或者个人不得披露未成年人的个人隐私。对未成年人的信件、日记、电子邮件，任何组织或者个人不得隐匿、毁弃；除因追查犯罪的需要，由公安机关或者人民检察院依法进行检查，或者对无行为能力的未成年人的信件、日记、电子邮件由其父母或者其他监护人代为开拆、查阅外，任何组织或者个人不得开拆、查阅。"

隐私权具体包括四个方面的内容：

个人生活安宁权。权利主体能够按照自己的意志从事或不从事某种与社会公共利益无关或无害的活动，不受他人的干涉、破坏或支配。

个人生活信息保密权。权利主体有权禁止他人非法利用个人生活信息资料。例如，对公民身体的隐匿部分、日记等不许偷看，未经他人同意不得强制披露其财产状况、社会关系以及过去和现在的其他不受外界知悉、传播或公开的私事等。

个人通讯秘密权。权利主体有权对个人信件、电报、电话、传真及谈话的内容加以保密，禁止他人非法窃听或窃取。

个人隐私利用权。权利主体有权按照自己的意志利用其隐私，以从事各种满足自身需要的活动，如利用个人的生活情报资料撰写自传、利用自身形象或形体供绘画或摄影使用等。对这些活动不能非法予以干涉。

【案例】 老师擅拆学生信件致其越窗坠楼摔伤案：杨××

16周岁，是天津市某中学初三(二)班学生。一天下午，其班主任王××去教室时，发现杨××旷课不在，看见他的书包及钱夹在课桌内，在查看钱夹时发现一封早恋情书，便将书包、钱夹、信件拿到办公室。杨××回来上课时，发现书包被班主任拿走，便前去索要。王××让杨××说清早恋情书问题，杨拒谈，并抢夺了部分信件及书包要走，被王××抓住不放。而后校团委书记陈××赶到，将杨××抱住。杨当即将信塞入口中。陈××抠杨的嘴，未能抠出信。杨力图挣脱，双方撕拽进入三楼阅览室内。此时，校方在场人员提出，让杨将信吐到阅览室里屋炉内烧掉。杨××便含信进入里屋。当图书管理员进入里屋时，发现杨已站在窗台上，便上前阻拦，被杨××蹬倒。杨××从三楼窗户逃脱摔伤，致右肋骨骨折、第六胸椎压缩骨折、骨盆骨折、肺挫伤。

【点评】 教师和家长必须明白：未成年人也有隐私权。学生的信件和日记等不仅不能偷看，更不能加以传播。要尊重学生的隐私权。

2. 尊重学生的人格尊严

人格尊严是公民的一项基本权利。《宪法》第三十八条明确规定：中华人民共和国公民的人格尊严不受侵犯。禁止用任何方式对公民进行侮辱、诽谤和诬告陷害。学生也是公民，其人格尊严同样受法律的确认和保护。《义务教育法》第二十九条规定，教师在教育教学中应当平等对待学生，关注学生的个体差异，因材施教，促进学生的充分发展。教师应当尊重学生的人格，不得歧视学生，不得对学生实施体罚、变相体罚或者其他侮辱人格尊严的行为，不得侵犯学生的合法权益。《教师法》第八条规定，教师应履行“关心、爱护全体学生，尊重学生人格，促进学生在品德、智力、体质等方面全面发展”的义务。《教师法》还规定了教师侮辱学生的法律责任。

我国传统教育向来主张对孩子的教育要从严。但长期以来，“严师出高徒”、“教不严，师之惰”里的“严”往往被解读为“责罚”二字。千百年来，“责罚”一直被视作教导孩子“成人”、“成才”最有效、最必需的手段。所以，古代的严师手里经常握着一把戒尺。不仅如此，责罚孩子在我国还具有某种“形而上”的哲学依据，“棍棒底下出孝子”、“严师出高徒”、“打是亲、骂是爱”之类的格言为对孩子的教育暴力披上了合法的外衣。到现在，这种以“责罚”为手段的教育方式，仍然被一些老师奉为信条。

【案例】 做小动作被老师发现罚站一个月案:2002年3月底的一节数学课上，就读于黄岩区某中学初二(2)班的沈××因和坐在前排的同班同学张××发生口角，教数学的朱老师看到后，走到沈××面前，用教学三角尺狠狠地打了他手臂一下。沈××问朱老师为什么打人?见沈顶撞，朱老师很生气，将沈××拖到政教处，政教主任任××要沈向朱老师赔礼道歉。下课后，沈××主动到办公室向朱老师道歉，但朱老师不接受。第二天上第一节课时，班主任任老师和朱老师一起走进教室，班主任非常生气，让上课捣乱的同学统统站到讲台前面。随后，全班51个学生中有30多位学生主动站到讲台前。班主任手握一根铁伞柄制作的教鞭，在每个学生身上狠狠抽了两下，直到伞柄打断为止。朱老师则在一旁看着。教训完同学后，沈××、张××及另一个同学被留在原地，其他同学返回座位。最后，班主任要求这3个学生把家长叫到学校，否则，就让他们站到教室后面去上课。这几个学生由于怕父母知道后会责怪，所以宁愿站着上课。就这样，他们三人一天到晚就站在教室后面上课，站累了，就蹲在地上，班主任发现后，就扇他们耳光。站了一个多月后，沈××膝关节红肿得厉害，实在站不下去，就不敢到学校去读书。据了解，这位班主任经常翻出五花八门的招数折磨学生。如上课不注意听讲，就要扣“纪律分”，每扣1分，罚跑500米，多时一次就扣20分，那就得绕着操场跑100圈。老师非常“敬业”，亲自数圈，有时将数圈的权力交给乖巧的同学。据一位不敢吐露姓名的学生说：“班主任罚站也有讲究，一阵子叫学生‘金鸡独立’，过一阵又来个‘四足顶地’。班上男同学都练过这种‘功夫’，不少女同学也‘学’过此艺。可班上的纪律不仅没有好转，反而越来越乱。”

【点评】 在这个案例中，数学老师和班主任的做法，严重侵犯了学生的人格尊严。

（四）学校有保护特殊群体未成年人的义务

为挽救失足青少年，预防和减少未成年人违法犯罪，新的《未成年人保护法》第二十五条规定：“对于在学校接受教育的有严重不良行为的未成年学生，学校和父母或者其他监护人应当互相配合加以管教；无力管教或者管教无效的，可以按照有关规定将其送专门学校接受教育。依法设置专门学校的地方人民政府应当保障专门学校的办学条件，教育行政部门应当加强对专门学校的管理和指导，有关部门应当给予协助和配合。专门学校应当对在校就读的未成年学生进行思想教育、文化教育、纪律和法制教育、劳动技术教育和职业教育。专门学校的教职员工应当关心、爱护、尊重学生，不得歧视、厌弃。”

我国的工读学校教育始于1954年，工读学校在教育挽救严重违纪、违法和轻微犯罪的未成年学生、造就人才，维护普通学校秩序和社会治安方面做出了重要贡献，受到国内外人士的称赞。工读学校的办学指导思想是：“立足教育，挽救孩子，科学育人，造就人才。”凡需接受九年制义务教育的工读生均在工读学校接受九年制义务教育，并接受道德、法制教育和职业技术培训。工读学校不同于劳动教养机构，更不同于少年犯罪管教所。工读学校属教育系统而非司法系统，故《未成年人保护法》把工读教育纳入“学校保护”的范围。

（五）学校有防范未成年人沉迷网络的义务

据中国互联网信息中心统计，截至2007年，我国网民人数已达1.37亿，其中18岁以下的网民已超过2300万，而这些年轻的网民正是网络成瘾的高发人群。由于青少年上网成瘾者长期沉迷于虚拟世界之中，尤其是那些失去家庭温暖、在社会上受到歧视的青少年，更会在虚拟世界里寻找安慰，这容易造成他们的情感冷漠，性格扭曲，自我封闭。有的冷漠地仇视周围的同事、同学甚至亲人；有的思维混乱，性格孤僻，失去社会生存能力；有的由于昼夜上网，健康受到严重危害，甚至造成猝死；还有的离家出走，在社会上，甚至走上违法犯罪道路。

网络成瘾的危害主要体现在下列方面：影响学习、影响身体健康、影响人际关系等。解决未成年人网络成瘾问题的重点是在预防，预防的成本要远低于治疗。

1. 学校要注意和家长联合

学校和家庭对青少年同等重要，网络成瘾问题是家庭和学校两方面教育失败的共同结果。因此，学校在进行心理健康教育时千万不要忽略了家庭的作用。学校如果发现学生有类似网络成瘾的苗头，应主动与家长取得联系，了解学生在家庭的情况，同时和家长配合，有针对性地开展思想工作，发挥家校系统综合的教育作用。

2. 学校要注意拓展学生学习之外的生活空间

在学校，学习是学生生活的主题，但除此之外学生还应该有丰富多彩的课余活动。比如，通过校学生会，组织更多的学生参与学校的管理，组织各种比赛（如体育、绘画、歌唱等），引导学生参与积极的校园交往。成立各种社团，如文学社、心理健康教育协会、志愿者服务协会等，降低网络对学生的吸引力。

3. 学校要注意给予学生多元化的评价

学校重视成绩是无可非议的，但要注意，不能把学习成绩作为评价一个学生好坏的唯一标准。学校应组织各种活动，充分发挥学生的专长，并通过各种竞赛肯定这些专长，使一些学习不好的学生在现实中能取得成就感。

4. 学校要积极引导学生正确使用网络

引导的途径通常有：通过各种途径宣传科学使用网络的知识，预防不健康内容；开展一些网络方面的竞赛，如网页制作竞赛、个人和班级网页制作展示，建设健康的网络虚拟世界，建立校园 BBS 等。

（六）贯彻《未成年人保护法》对教师的要求

对保护未成年人的合法权益，教师尤其是中小学教师承担着重要的职责。为了发挥中小学教师在保护未成年人合法权益方面的作用，教师要做到以下几点：

1. 加强对有关法律、法规的学习，增强保护未成年人合法权益的法律意识

教师应根据自己工作的特点和需要，认真学习《未成年人保护法》及其他一些相关法律、法规，如《中华人民共和国义务教育法》、《中华人民共和国教育法》、《中华人民共和国预防未成年人犯罪法》等。同时，鉴于国际社会对未成年人权益保护的高度重视，教师还要学习和掌握我国政府签署的有关未成年人保护方面的国际条约，如《儿童权利公约》、《儿童生存、保护和发展世界宣言》、《执行九十年代儿童生存、保护和发展世界宣言行动计划》等，从思想上提高对保护未成年人合法权益重要性的认识，从法律义务的高度来看待未成年人权益保护问题。只有树立了这种意识，才会有自觉的行动。

2. 在教育教学工作中自觉履行保护未成年人合法权益的义务

保护未成年人合法权益，教师有义不容辞的责任。这就要求教师在自己的教育教学活动中，要关心爱护全体学生，尊重未成年学生的合法权益。尤其对那些品行有缺点、学习有困难的学生，教师更应给予特别关怀，不能因为他们有缺点和错误就歧视他们，而应当对他们进行耐心的帮助和教育。同时，教师还应结合自己的教育教学活动，向未成年学生进行法制宣传教育，帮助他们正确认识自己的权利和义务，并使他们懂得运用法律武器来维护自己的合法权益。

3. 支持和配合社会各有关方面做好保护未成年人的工作

教师所处的社会地位和所从事职业的特殊性，决定了他们在保护未成年人合法权益方面具有特殊的作用。教师除了在自己的教育教学工作中注意保护未成年人的合法权益，还要向全社会广泛宣传《未成年人保护法》，支持和配合有关部门做好保护未成年人工作。对于家庭或者社会生活中发生的侵犯未成年人合法权益的行为，或社会上出现的有害于未成年学生健康成长的现象，教师要予以批评、抵制，并可以向政府有关部门反映，要求政府有关部门采取强有力措施严加制止。

第四节　违反《未成年人保护法》的法律责任及本法的实施

一、违反《未成年人保护法》的法律责任

修订后的《未成年人保护法》从两个方面对法律责任做出规定：

(一)概括性规定

《未成年人保护法》第六十条规定："违反本法规定，侵害未成年人的合法权益，其他法律、法规已规定行政处罚的，从其规定；

造成财产损失或者其他损害的，依法承担民事责任；构成犯罪的，依法追究刑事责任。”这一规定可以使《未成年人保护法》与其他相关法律、法规相衔接，减少不必要的重复。

（二）具体规定

对其他法律、法规没有规定或者规定不明确的，做出具体规定。如国家机关及其工作人员在未成年人保护工作中失职、渎职的法律责任；未成年人的父母或者其他监护人不依法履行监护职责或者侵害未成年人合法权益的法律责任；学校、幼儿园、托儿所侵害未成年人合法权益的法律责任；营业性歌舞娱乐、网吧等场所允许未成年人进入的法律责任；生产、销售不符合质量标准的用于未成年人的食品、药品、玩具、用具和游乐设施以及向未成年人出售烟酒的法律责任等。

二、《未成年人保护法》的实施

（一）国家保障未成年人的人身、财产和其他合法权益不受侵犯

中央和地方各级国家机关应当在各自的职责范围内做好未成年人保护工作。国务院和省、自治区、直辖市的人民政府根据需要，采取措施，协调有关部门做好未成年人保护工作。共产主义青年团、妇女联合会、工会、青年联合会、学生联合会、少年先锋队以及其他有关的社会团体，协助各级人民政府做好未成年人的保护工作，维护未成年人的合法权益。

（二）其他保障

保护未成年人是国家机关、武装力量、政党、社会团体、企业事业组织、城乡基层群众性自治组织、未成年人的监护人和其他成年公民的共同责任。对侵犯未成年人合法权益的行为，任何组

织和个人都有权予以劝阻、制止，或者向有关部门提出检举或控告。国家、社会、学校和家庭应当教育和帮助未成年人运用法律手段来维护自己的合法权益。

【本章小结】

新修订的《未成年人保护法》明确规定了未成年人享有生存权、发展权、受保护权、参与权等权利，国家保障未成年人的合法权益不受侵犯。新修订的《未成年人保护法》的亮点体现在：既与国际接轨又体现中国国情；体现了以政府为主、保障儿童权利的原则；更加关注未成年人的健康和安全；关注未成年人的成长环境；关注特殊困境中的未成年人；强化了对未成年人的司法保护；明确了相关的处罚措施。

【复习思考题】

1. 学校保护未成年学生的主要义务体现在哪些方面？

2. 为什么说保护未成年人是一项系统工程？

3. 某中学组织在校学生到一中学参加考试，考生出发前，学校专门对学生进行了安全教育。上午考试结束后，老师又特别强调：吃饭休息，不准私自外出，有事必须请假，尤其是不准出去游泳。但16岁的学生王某不听安排，乘上厕所之机，私自翻越2米高的院墙到院后的水塘游泳，不幸溺水身亡。请问：学校和老师有没有责任？为什么？

第六章　预防未成年人犯罪法

《中华人民共和国预防未成年人犯罪法》(以下简称《预防未成年人犯罪法》)于1999年6月28日经第九届全国人大常委会第十次会议通过，并于1999年11月1日起施行。该法对教育行政部门、学校、教师、家长等在预防未成年人犯罪和保护未成年人健康成长方面的权利和义务，做出了明确规定。教育工作者和相关人员必须学习、掌握和贯彻实施该法，以减少未成年人的犯罪行为，为社会主义事业培养高素质的建设者和接班人。

第一节　《预防未成年人犯罪法》概述

一、《预防未成年人犯罪法》颁布的背景

青少年犯罪、环境污染及吸毒贩毒，被称为当今世界的“三大公害”。同世界上大多数国家一样，青少年犯罪问题也是我国当前面临的一个突出的社会问题。在我国，自新中国成立到“文化大革命”前，青少年犯罪尚未成为一个严重的社会问题，其比例仅占全部刑事案件的20%～35%。1970年以后，青少年犯罪案件占全部刑事案件的50%～70%。改革开放后，由于社会处于转型期，许多制度尚不健全，青少年违法犯罪现象逐年增加。至80年

代初,青少年犯罪在整个刑事案件中的比例已上升至 70%以上。这不能不引起党和国家的高度重视。此后,随着社会治安综合治理方针的贯彻执行,青少年犯罪的上升势头得到一定的控制。然而,随着社会主义市场经济体制在我国的逐步确立,我国青少年犯罪率居高不下,在新的形势下出现了一些新的趋势。

(一)犯罪年龄低龄化

未成年人是由未成年向成年过渡的一个特殊群体,有其特殊的生理和心理。他们年纪小,法制观念淡薄,自控能力较差,实施各种行为比较轻率。他们的犯罪,有的往往出于好奇、模仿、顽劣。

【案例】 有一名刚满 14 周岁的少年,经常与人打架,一天因琐事与邻居小孩王某发生口角,用石头击中王某的头部,造成王颅脑重伤,经抢救无效死亡。当公安机关将他拘留审讯时,他却像讲故事一样叙述了故意伤害他人的过程,之后却说:"我该走了吧?"可见,该少年的法制观念淡薄到何种地步,对自己的行为构成犯罪,全然不知。

1998 年 3 月,湖南省某小学三年级学生杨某,将他父亲自制的一支双管火枪带到学校。几位男生抱着好奇心聚在一块观看,这时一名学生扣动扳机,只听"砰"的一声枪响,子弹正好击中了另一名同学的头部,受伤的同学当即鲜血直流,人事不知。这是由于未成年人的好奇心而引发的一起意外伤害事故。

1993 年 4 月,吉林省某小学四年级的学生杨某将同班同学王某活埋。事情的起因是:一次考试,王某借了杨某一支铅笔。一天,杨向王要铅笔,王某不给,两人扭打起来,王某打不过杨某。王某回家后和父亲说了挨打之事,王的父亲第二天到学校找到杨,当着学生的面踢了他,致使杨产生报复心理。4 月 10 日下午放学后,杨某碰见王某,并同王某吵起来，杨产生整死王的念头。杨某用铁锹在山包附近挖了一个二尺多深的坑，让王跳下去，并用王的衣服把王的头蒙住后，便开始向坑里填土。当土埋至脖颈时，王呼喊“救命”，杨威胁：“再喊，就砍死你！”直埋到看不见为止。晚19时30分，家人找到埋王某的地方，扒开土后，发现王已死。

（二）犯罪手段成人化、智能化

【案例】 1998年5～7月间，17岁的赵某有家不归，学着成人样，撬门行窃，还多次以送广告为名上门“踩点”。有一次他在一户居民家行窃完毕刚想开溜，恰遇主人回家，赵反问主人：“你找谁？”主人大惑不解：“这是我家，你怎么进来的？”赵面不改色地说：“这房是我向中介公司租的，我当然是主人！”两人争吵到派出所，赵某大叫冤枉，说是中介骗了他钱。赵某虽说才17岁，却在犯罪中表现了成人化和智能化倾向。

（三）犯罪性质渐趋严重并呈集团化倾向

未成年人犯罪过去主要是进行一般盗窃和流氓滋扰，现在有的发展到拦路抢劫、暴力强奸和行凶杀人，有些结成“团伙”，为非作歹。在“帮里”还有帮规，实施犯罪时分工明确，计划周密。

【案例】 1997年，云南省某小学曾发生了一起8名女生在宿舍被9名歹徒强奸、轮奸案件。被害的8名女生均系五六年级学生，最大的16岁，最小的11岁。9名歹徒均系附近一所中学的学生，最大18岁，最小15岁。1998年，北京市某中学2名初一年级的学生，看到附近一所小学的学生在踢球。两人拦住拿球的小学生王某说：“把球给我。”王某把球扔给别的同学。两人遂将王某挟持到郊外，通过用砖砸、用脚踢、用铁丝抽、用沙土掩埋等极为残忍的手段，将王某残害致死。次日，二人被抓获。

（四）影响未成年人成长的不利因素日渐增多

如夫妻离婚、家庭解体后夫妻双方对未成年人的失责；学校为了保住学校无犯罪记录的荣誉或者出于升学率的需要，将一些思想品德差、学习成绩差、遵守纪律差的未成年人拒之门外；以“性挑逗”和“暴力残杀”为主要内容的书刊、影视、音像制品、网页不仅暗流涌动，而且大有改头换面公开粉墨登场之势，几年的课堂教育往往抵挡不了几分钟的“浊流”；市场经济的负面影响使某些社会人员受经济利益驱动，以不正当手段谋取暴利，通过钻法律滞后的空子损害大多数人的利益，由此扩散出人际关系冷漠、金钱至上的资产阶级道德观。未成年人看到的是各式各样的社会异化现象。这一切成了未成年人犯罪率不断上升的源头。

【案例】 1998 年 3 月 13 日，辽宁省某小学发生一宗骇人听闻的六年级 15 岁男同学江某被杀害的凶杀案，凶手竟是被害者的 9 名同班同学，其杀人动机只是为了模仿影片中的黑社会暴力片段。1997 年 7 月，该班的 9 名男生模仿一部电视剧中的情节，到学校附近的天池山上聚会，用针扎破手指，滴血结盟，成立“龙虎会”，推举班长为“老大”，推举一名学习成绩好的同学为“秘书长”，负责替大家写作业。起初，他们只是从父母那里要点零钱，凑在一起买酒喝、买烟抽，后来发展到小偷小摸。因为同班的江某不愿意入会，就被这群孩子视为异己，他们决定模仿影视片中的“黑社会”行为干掉他。3 月 13 日中午，江某被骗到校外一个流水洞内，9 名学生一拥而上，有的用毛巾堵嘴，有的用刀砍，直至确认江某被打死后，才若无其事地回到学校，并上完下午的三节课。当日午夜，江某的家长在洞里找到孩子尸体后报案，当地公安局很快将此案侦破。据公安局的办案人员称，参与作案的 9 名学生都只有十四五岁，他们是害人者，更是为不健康的影视片所害。

针对上述情况，党和政府及社会各界都将注意力逐步转向犯罪预防，尤其是未成年人犯罪的预防这一战略高度，以期待收到“防犯罪于未然”和“从小抓起”等积极效果。

预防未成年人犯罪的立法工作，自七届全国人大就已经开始着手研究，八届全国人大常委会列入立法规划，1998 年 4 月在九届全国人大常委会第二次会议上进行了第一次审议，当时法律的名称为《预防少年违法行为法》。会后，全国人大法律委员会、全国人大内务司法委员会和全国人大法制工作委员会根据人大常委委员的审议意见，在广泛调查研究并多次征求中央和地方有关部门意见的基础上，对原法律草案进行了修改，并将法律名称改为《预防未成年人犯罪法》，于 1999 年 4 月 26 日提交九届全国人大常委会第九次会议进行第二次审议。会后，印发全国征求意见，经过再次修订，于 1999 年 6 月 28 日通过。《预防未成年人犯罪法》的出台，标志着我国保障未成年人健康成长，从预防的角度减少未成年人违法和犯罪的工作已全面纳入法制轨道。

二、《预防未成年人犯罪法》制定的目的

《预防未成年人犯罪法》第一条规定：“为了保障未成年人身心健康，培养未成年人良好品行，有效地预防未成年人犯罪，制定本法。”制定《预防未成年人犯罪法》的目的主要有：

（一）保障未成年人的身心健康

未成年人正处于长身体、树立良好的精神风貌的重要阶段。他们的身心健康将直接关系到国家的前途、民族的兴衰，关系到我们的事业是否后继有人。对此，党和政府倍加关注，并通过立法、司法等途径，对未成年人的身心健康进行保护。保障未成年人身心健康，是教育未成年人加强对犯罪行为侵害的预防的需

要。受犯罪行为侵害的未成年人，不仅在被害时身心受到严重损害，而且其被害经历很可能影响其今后的健康成长，甚至会促使其走上违法犯罪的歧途，从而由犯罪行为的被害者恶性转化为实施犯罪行为的害人者。因此，要教育未成年人加强对犯罪行为的自我防范，使自己免受侵害。同时，为防止被害的未成年人成为犯罪人，应动员和组织全社会力量共同关心未成年人的身心健康，给予充分的法律保障，从而使未成年人得以健康成长。

（二）培养未成年人的良好品行

这里的“品行”，即通常所说的“品德”或“人品”。未成年时期是一个人人生观、世界观、价值观初步形成的重要阶段。这一时期受到的教育对其成年以后的人生道路影响极大。大量事实证明，品德是行为的内在基础，行为是品德的外在表现，有什么样的思想品德，就会有什么样的外在行为；不具备良好的思想道德，缺乏法制观念、道德观念、是非观念、荣辱观念，是未成年人实施违法犯罪这一外在行为最重要的自身原因。为此，党和政府历来极为重视对未成年人良好品德的培养，大力开展爱国主义、集体主义、社会主义思想教育，努力把未成年人培养成为有理想、有道德、有文化、有纪律的社会主义公民。

（三）有效地预防未成年人犯罪

自 20 世纪 70 年代以来，我国的未成年人犯罪呈持续上升趋势，犯罪低龄化越来越突出。实施刑事犯罪的未成年人在同龄人中所占比例成倍增长。未成年人违反治安管理秩序的案件也时有发生。这种情况，不仅严重地扰乱了社会秩序，危害了社会治安，也给未成年人自身及其家庭带来不幸，成为影响社会稳定的一个重要因素。犯罪能否减少，社会治安能否好转，关键看未成年人犯罪能否得到有效控制。因此，要有效地预防犯罪，就必须首先抓住青少年犯罪这一核心问题和主要方面，要有效地预防青少年犯罪，则必须“抓早”、“抓小”。可见，制定本法的最终目的是有效地预防未成年人犯罪。

三、预防未成年人犯罪工作的原则

《预防未成年人犯罪法》第二条规定：“预防未成年人犯罪，立足于教育和保护，从小抓起，对未成年人的不良行为及时进行预防与矫治。”预防未成年人犯罪工作，应当遵循下列原则：

（一）实行教育和保护相结合的原则

一切预防未成年人犯罪的工作，都应当以教育未成年人，保护未成年人的身心健康为出发点、立足点，通过教育和保护，达到预防未成年人犯罪的目的。由于未成年人的身心发展不成熟，辨别是非和控制自己行为的能力弱，心理承受能力差，在处理事情时，容易偏激，出现过错，甚至违法犯罪。但是，未成年人的可塑性比较大，容易认识自己的错误，并努力纠正。因此，对未成年人应采取教育和保护相结合的原则。一方面，加强对未成年人的教育，提高未成年人的心理素质，培养他们的良好品行，增强他们的辨别是非和抵御违法犯罪的能力，要教育他们认识到违法犯罪的危害。另一方面，对那些因各方面原因做出了这样那样不良行为或严重不良行为，甚至实施了犯罪行为的未成年人，我们应当注意保护他们的名誉，以有利于他们回归社会。

对于未成年被告人，我国《刑法》、《刑事诉讼法》和《未成年人保护法》，都做了一系列有别于成年被告人的具体规定，在审判、处罚、诉讼权利、执行刑罚等方面给予了充分的法律保障和有效、公平、合乎人道的待遇，以帮助他们回到健康成长的轨道上，从根本上保护他们的合法权益。对于违法犯罪的未成年人，我国实行教育、感化、挽救的方针和教育为主、惩罚为辅的原则。《预防未成年人犯罪法》第四十五条、第四十六条分别规定："对于已满 14 周岁不满 16 周岁未成年人犯罪的案件，一律不公开审理。已满 16 周岁不满 18 周岁未成年人犯罪的案件，一般也不公开审理。对于未成年人犯罪案件，新闻报道、影视节目、公开出版物不得披露该未成年人的姓名、住所、照片及可能推断出该未成年人的资料。""对被拘留、逮捕和执行刑罚的未成年人与成年人应当分别关押、分别管理、分别教育。未成年犯在被执行刑罚期间，执行机关应当加强对未成年犯的法制教育，对未成年犯进行职业技术教育。对没有完成义务教育的未成年犯，执行机关应当保证其继续接受义务教育。"总之，教育和保护是相辅相成的，教育是为了保护，保护必须进行教育，只有将两者有机结合起来，才能达到预防未成年人犯罪的目的。

（二）从小抓起的原则

所谓"从小抓起"，是指预防未成年人犯罪应当力争"早抓"或"抓早"，从儿童期着眼，从细小行为入手。具体包括两层含义：一是在年龄上，预防未成年人犯罪应当从儿童期就抓起。从六七岁到十一二岁，是儿童开始学知识、长见识的时期，也是思想活跃但是非观念模糊的时期，预防未成年人犯罪，必须从此时着手抓起，方能使未成年人从小培养良好的品行和法制观念，从而收到事半功倍的效果。二是在行为上，预防未成年人犯罪应当从细小行为抓起。犯罪人大都要经历一个由量变到质变的过程，即实施"一般不良行为—严重不良行为—犯罪行为"的过程。因此，预防未成年人犯罪，应从小事、小处抓起，从未成年人小的、轻的不良行为抓起，以达到预防未成年人犯罪的目的。

（三）及时预防和矫治不良行为相结合的原则

一是对于未成年人的不良行为，应当采取积极预防的措施，教育未成年人不去实施不良行为。二是发现未成年人实施了不良行为，应当予以制止；对实施了严重不良行为的，应当采取积极措施及时予以矫治，防止其进而滑向犯罪泥坑。如果把“预防”未成年人的不良行为视为预防未成年人犯罪的第一道防线，那么，“矫治”未成年人的不良行为，就是其第二道防线。

（四）综合治理原则

预防未成年人犯罪，我国实行综合治理的原则。综合治理就是在党和政府的组织领导下，动员家庭、学校、社区以及国家和全社会各方面力量共同参与，各负其责，共同搞好社会治安和防治犯罪的工作。在各自职责范围内做好预防未成年人犯罪工作，为未成年人身心健康发展创造良好的社会环境。

（五）适应未成年人身心发展特点的原则

未成年人是指未满 18 周岁的公民，未成年人在不同的年龄阶段，其生理、心理也具有不同的特点。即使处于同一年龄阶段，男性、女性未成年人在生理、心理上也具有不同的特点。因此，在预防未成年人犯罪时，要针对不同年龄未成年人的不同生理、心理特点，做到有的放矢。在安排未成年人活动时，应考虑未成年人身心的承受能力，考虑对未成年人身心发展造成的影响，不能开展对未成年人身心发展有害的活动。

第二节 《预防未成年人犯罪法》的主要内容

《预防未成年人犯罪法》共 8 章 57 条，对预防未成年人犯罪的基本内容做了规定。

一、加强预防未成年人犯罪的法制教育

《预防未成年人犯罪法》第六条规定:对未成年人应当进行预防犯罪的教育。通过法制教育,使未成年人懂得什么行为是合法的,什么行为是违法的;什么行为是受法律保护的,什么行为是法律所禁止的;违法和犯罪行为会有什么法律后果,受什么处罚;知道什么该做,什么不该做,学会依法保护自己的合法权益以及国家、人民的利益。邓小平强调:“法制教育要从娃娃开始,小学、中学都要进行这个教育,社会上也要进行这个教育。”江泽民同志也指出:“要从幼儿教育抓起,努力培养一代新人。”在未成年人中广泛开展法制教育,有助于从小培养其法律意识和法制观念。因此,全社会均应重视加强未成年人的法制教育。

在预防未成年人犯罪的法制教育中,负有教育义务的是家庭、学校、司法和教育行政部门、社区基层组织及其他社会团体和社会力量。它们应在各自的职责范围内对未成年人进行预防犯罪的法制教育。其主要内容包括以下几个方面:

第一,教育行政部门、学校应当将预防犯罪的教育作为法制教育内容纳入学校教育教学计划,结合常见多发的未成年人犯罪,对不同年龄的未成年人进行有针对性的预防犯罪教育(《预防未成年人犯罪法》第七条)。学校应当结合实际举办以预防未成年人犯罪为主要内容的法制教育活动。教育行政部门应当将预防未成年人犯罪教育的工作效果作为考核学校工作的一项重要内容。学校应当聘任从事法制教育的专职或者兼职教师。学校根据条件可以聘请校外法律辅导员。学校在对学生进行预防犯罪教育时,应当将教育计划告知未成年人的父母或者其他监护人(《预防未成年人犯罪法》第八条第二款、第九条、第十条)。

第二,司法行政部门、教育行政部门、共产主义青年团、少年先锋队应当结合实际,组织、举办展览会、报告会、演讲会等各种

形式的预防未成年人犯罪的法制宣传活动。少年宫、青少年活动中心等校外活动场所，城市居民委员会、农村村民委员会都应把预防未成年人犯罪教育作为一项重要的工作内容，开展各种形式的宣传教育活动(《预防未成年人犯罪法》第八条第一款、第十一条、第十三条)。

第三，未成年人的父母或者其他监护人对未成年人的法制教育负有直接责任(《预防未成年人犯罪法》第十条)。按照法律规定，未成年人的父母或其他监护人对未成年人必须履行其抚养、教育、保护的义务。如果说学校是预防未成年人犯罪的第二道防线，那么未成年人的父母或其他监护人则是其第一道防线。为更好地担负对未成年人进行法制教育的直接责任，未成年人的父母或者其他监护人要做到：首先，应当在思想上对法制教育的重要性提高认识，真正清醒地认识到对未成年人进行法制教育不仅事关全国、全社会的大局，而且事关其未成年子女的前途和切身利益，事关其家庭的荣誉。其次，未成年人的父母或者其他监护人应当带头学法、守法，从而起到表率作用，并对其未成年子女更好地发挥帮助、辅导作用。再次，未成年人的父母或者其他监护人应当对未成年人严格要求，从小事做起，从不良习惯或不良行为抓起，使未成年人从小养成遵纪守法的意识和行为习惯。

此外，《预防未成年人犯罪法》第十二条规定："对于已满16周岁不满18周岁准备就业的未成年人，职业教育培训机构、用人单位应当将法律知识和预防犯罪教育纳入职业培训内容。"预防未成年人犯罪工作的对象不仅仅是在校的学生，而且包括全体未成年人。一部分初中已经毕业、未继续升学而准备参加工作的未成年人，仍属于预防未成年人犯罪工作的对象。近年来，未成年人犯罪事实表明：在犯罪的未成年人中，年龄为16周岁的占25.7%，年龄为17周岁的占26.9%，年龄已满16周岁不满18周岁的共计达52.6%，已超过半数；在文化程度方面，初中文化程度的未成年人犯罪，占整个未成年人犯罪案件总数的47.2%，已接近半数。由于不再接受正规的学校教育，仅靠家庭教育是不足以预防其犯罪的，因此，职业教育培训机构、用人单位应当与其家庭一道，共同对这部分人进行预防犯罪的教育。

二、对未成年人不良行为的预防

不良行为是指轻微违法或者违背社会公德的行为。不良行为是消极行为，不构成犯罪，但许多未成年人最终走上犯罪道路，都是从不良行为开始的，如果得不到及时的教育和纠正，很容易从实施不良行为逐步发展到实施违法犯罪行为。根据有关部门的调查统计，在未成年刑事作案人员中，一般在10～12岁即有各种不良行为，13～14岁走上违法犯罪道路，14～17岁达到违法犯罪的高峰，18岁以后则往往成为违法犯罪的“主力军”。《预防未成年人犯罪法》第十四条列举了未成年人不得实施的九类不良行为：

(1)旷课，夜不归宿。旷课是指学生不请假而无故缺课，是一种逃避学校教育和管理的行为。夜不归宿是指未经其父母或者其他监护人同意而在外过夜，是一种逃避监护的行为。

(2)携带管制刀具。

(3)打架斗殴，辱骂他人。

(4)强行向他人索要财物。即利用轻微暴力、以暴力相威胁或者以其他手段相要挟，迫使财物所有人或者保管人交出财物的行为。

【案例】 汪某和张某都是13岁，系同班同学。某日，汪某见到张某戴的新帽子很漂亮便向张某索要，张某不愿意，汪某便开始揍张某，张某仍坚决不同意。于是，汪某对张某说，如果再不给他新帽子，他将放火烧张某家的房子。张某听了很害怕，于是将新帽子给了汪某。这是强行向他人索要财物较为典型的例子。

(5)偷窃、故意毁坏财物。

(6)参与赌博或者变相赌博。

(7)观看、收听色情、淫秽的音像制品、读物等。

(8)进入法律、法规规定未成年人不适宜进入的营业性歌舞厅等场所。

(9)其他严重违背社会公德的不良行为,如早恋的未成年人干扰异性正常学习、生活的行为;隐匿、毁弃或者私自拆开他人信件的行为;吸烟、酗酒的行为;故意污损名胜古迹、破坏草坪、花卉等行为。

针对上述不良行为,未成年人的父母或者其他监护人和学校、社会要教育他们明辨是非,禁止他们做出不良行为以及参与一些不利于未成年人成长的活动。这一预防工作主要有下述内容:

(1)未成年人的父母或者其他监护人和学校应当教育未成年人不得吸烟、酗酒。未成年人吸烟往往同意志消沉、自暴自弃、失恋、模仿偶像与成人有关,这些心理状态有害于未成年人的个性发展。未成年人酗酒的后果更为严重,酗酒导致他们身体机能损耗,记忆力下降,无法坚持学习,进而流浪街头,诱发违法犯罪活动和过早死亡。因此,未成年人不应吸烟、酗酒。已染上吸烟、酗酒恶习的,应早日戒烟、戒酒。

(2)未成年人的父母或者其他监护人和学校发现未成年人组织实施不良行为的团伙时,应当及时对未成年人进行教育,阐明其危害性。对于组织实施不良行为的团伙的未成年人还得责令其解散该团伙;对于积极参加此类团伙的未成年人应当教育其停止参加;对于被胁迫参加的则应当向其说明家庭、学校和社会对其保护的强大力量,告之不用担心;对于被教唆和诱骗参加的则应向其阐明事理,使其辨清是非黑白,不再参加到这种团伙中。

未成年人的父母或者其他监护人和学校发现该团伙有犯罪行为的则应向公安机关报告。必要时,做好未成年人的转学工作,让其摆脱不良伙伴的影响。

(3)学校对有不良行为的未成年人应当加强教育、管理,不得歧视。学校要加强对有不良行为的未成年人的思想政治教育,帮助学生明辨是非,认识并纠正错误,养成良好的品行。教师要深入了解学生实施不良行为的真正动机和原因,有的放矢,对症下药,对有不良行为的学生不能放松文化知识教育。对继续在校就读的曾有不良行为的学生不能歧视,教师要有针对性地及时补课,慢慢培养他们的学习兴趣,让他们彻底摆脱不良行为习性的影响。

(4)中小学生旷课的,学校应当及时与其父母或其他监护人取得联系,使他们能马上获知未成年人旷课的消息,便于他们进一步了解未成年人旷课的原因,和学校配合共同做好教育工作。对未成年人擅自外出、夜不归宿或者离家出走的,其父母或者其他监护人、其所在的寄宿学校应当及时查找或者向公安机关报告,请求帮助。容留未成年人过夜的人,应当征得其父母或者其他监护人的同意。如果是在应急的情况下,应未成年人请求而让其留宿的,为避免其父母或者其他监护人担心,应当在 24 小时内通知其父母或者其他监护人。不能及时通知的,则可以向其所在地公安机关报告,由公安机关负责通知。

(5)教育行政部门、学校应当举办各种形式的讲座、座谈、培训,把校外的专家和学者请进来,或者组织未成年人的父母或者其他监护人及老师到外面去学习、参观、接受培训,使得他们在日常教育中能更好地针对未成年人不同时期的生理、心理特点,更有效地防止和矫治未成年人的不良行为。

(6)对于教唆、胁迫、引诱未成年人实施不良行为或者品行不良、影响恶劣、不适宜在学校工作的教职员工,应当予以解聘或者辞退;构成犯罪的,依法追究刑事责任。

【案例】 1993 年 6 月,北京市某中学教师康某在学校教学楼四层值班巡查时,劝说该校两位高三学生安某和许某离校。因安某不服从,双方发生争执并且互殴,康某即用随身携带的尖刀刺中安某颈部,出血后,康某与其他教师将安某送到医院进行抢救。经抢救无效,安某于次日身亡。事发后,康某被判处死刑,缓期 2 年执行。

(7)未成年人的父母或者其他监护人对未成年人不得放任不管;不得迫使其离家出走;不得让不满 16 周岁的未成年人脱离监护单独居住。其实,未成年人具有较大的可塑性,如果父母或其他监护人对未成年人放任不管,甚至迫使其离家出走,放弃监护职责,只会使未成年人越走越远,从违法走上犯罪。16 周岁以下的未成年人好奇心强,容易感情用事,在脱离监护单独居住的情况下会因不能明辨是非而参与一些违法犯罪活动。

(8)未成年人的父母离异的,离异双方对子女都有教育的义务,任何一方都不得因离异而不履行教育子女的义务。继父母、养父母对受其抚养教育的未成年继子女、养子女,应当履行该法所规定的父母对未成年子女预防犯罪的教育职责。作为未成年人的监护人,发现未成年人有不良行为倾向时,要及时教育和矫治,制止和揭露那些教唆、胁迫、引诱未成年人实施不良行为的不法分子。

(9)任何经营场所不得向未成年人出售烟酒。任何单位和个人不得制作或向未成年人出售、出租、提供(包含利用通讯、计算机网络等方式)含有诱发未成年人违法犯罪以及渲染暴力、色情、赌博、恐怖活动等危害未成年人身心健康内容的读物、音像制品或者电子出版物。根据国家有关规定,除国家规定的节假日外,电子游戏厅(室)一律不得向未满 18 周岁的少年儿童开放;凡经营的电子游戏厅(室)必须远离学校两百米以外。公安机关应当加强中小学校周围环境的治安管理,及时制止、处理中小学校周围发生的违法犯罪行为。

(10)对于经常在学校门口游逛、寻衅滋事、打架、斗殴的人员,公安机关应当依法处理,制止其在学校附近游荡,对其中的未成年人应进行耐心的说服教育,帮助他们端正思想,树立正确的道德观念。同时,公安机关要加强学校周围的治安巡逻工作,及时发现、制止违法犯罪行为的发生。公安局、派出所、城市居民委员会、农村村民委员会应当掌握本辖区暂住人口中未成年人就学、就业的情况。对于暂住人口中未成年人实施不良行为的,应当督促其父母或其他监护人进行有效的教育。

三、对未成年人严重不良行为的矫治

未成年人严重不良行为是严重危害社会,尚不够刑事处罚的违法行为。《预防未成年人犯罪法》第三十四条列举了九类严重不良行为,包括:(1)纠集他人结伙滋事,扰乱治安。此类行为的表现主要有:在公共场合或交通要道等地聚众打群架;起哄闹事,向人体、车辆、住宅等抛弃废物及石块。在市场上硬拿强要,扰乱正常的贸易活动与秩序。结伙用下流的语言或动作调戏、侮辱妇女等。(2)携带管制刀具,屡教不改。未成年人携带管制刀具进入学校、公共场所,带来了潜在的不安定因素,对于经两次以上教育、劝阻仍然携带的,应当视为“严重不良行为”。(3)多次拦截殴打他人或者强行索要他人财物。(4)传播淫秽的读物或者音像制品等。(5)进行淫乱或者色情、卖淫活动。(6)多次偷窃。(7)参与赌博,屡教不改。(8)吸食、注射毒品。(9)其他严重危害社会的行为。如放火行为、投毒行为、绑架行为、多次诈骗的行为、故意损坏公共财物的行为、严重哄抢行为、出于某种动机而谎报险情制造混乱等尚不够刑事处罚的行为。

对未成年人实施上述严重不良行为的，应当及时予以制止并进行矫治。

首先，对于有上述严重不良行为的未成年人，其父母或者其他监护人和学校应当相互配合，采取措施，严加管教。对于家长无力管教、学校也难以管理的有严重不良行为的未成年人，可以送工读学校进行矫治和接受教育。工读学校招收具有严重不良行为的未成年人，主要有两条途径：一条途径是未成年人的父母或者其他监护人提出申请，经教育行政部门审批；另一条途径是由原所在学校提出申请，经教育行政部门批准。经过审批应当入工读学校学习而拒不报到的，或报到后又中途擅自逃离的，公安部门要积极帮助学校使他们入学。

其次，对于有上述严重不良行为的未成年人，构成违反治安管理的，由公安机关依法给予治安处罚，即予以警告、罚款或者拘留。同时，对于违反治安管理又不满 14 周岁或者情节特别轻微免予处罚的，可以予以训诫，即由公安人员对其批评教育，指出违法行为的危害，帮助其认识错误，努力改正，不得再犯，训诫以口头方式进行。因不满 16 周岁不予刑事处罚的，责令他的父母或者其他监护人严加管教。

按照我国《刑法》规定：已满 14 周岁不满 16 周岁的未成年人，实施《刑法》规定的故意杀人、故意伤害致人重伤或者死亡、强奸、抢劫、贩卖毒品、放火、爆炸、投毒以外的犯罪行为，不予追究刑事责任。不满 14 周岁的未成年人实施《刑法》规定的犯罪行为不予追究刑事责任。但是必须加强管教，及时予以矫治和正确引导。如果家长的管教已难以收到教育效果，且一旦管教不当，还可能给社会造成新的危害，在这种情况下，可以由政府依法收容教养。目前，我国未成年人收容教养的执行场所是少年犯管教所，但须与被判刑罚的少年犯分别关押、分别管教，收容教养的期限一般为 1 年至 3 年。未成年人在被收容教养期间，执行机关应保证其继续接受教育。未成年人由于触犯法律并造成严重危害社会的行为被收容教养，这不是为了惩罚未成年人，其目的是使他们在政府主管部门的严格教育、管束下，重新做人。

对已完成义务教育的未成年人，少年管教所和劳动教养所要保证其继续接受文化知识、法律知识或者职业技术教育，以提高未成年人的综合素质，并学有一技之长，为其将来走向社会打下基础。对于未完成义务教育的未成年人，应当保证其继续接受义务教育，不能因为收容教养而间断。工读学校对就读的未成年人应当严格管理和教育，包含以下几个方面：第一，从思想上应当结合学生的实际，坚持以正面教育为主的原则。深入了解学生养成不良行为习惯的原因，随时掌握他们的思想动态和心理特点，做艰苦、细致的思想转化工作。第二，工读学生应当集中食宿，对学生提出严格的要求，组织学生过有纪律的生活。要区别学生的不同情况，分层次地进行管理教育。对极少数经反复教育仍不服从管理而继续犯罪的学生，应当依法送交公安、司法机关处理。第三，应防止以简单粗暴的方式对待工读学生，严禁体罚和变相体罚。对于工读学生的教育，首先应当落实九年义务教育法的基本要求，在课程设置上要与普通学校相同。

除此之外，应当加强法制教育，针对未成年人严重不良行为的原因以及有严重不良行为的未成年人的心理特点，开展矫治工作。对于送工读学校就读的未成年学生，家庭不但应当负担学生在校期间的生活和学习费用，还应积极配合学校做好学生的矫治和教育工作，不得因其进了工读学校而歧视、辱骂或者殴打。教师在对有严重不良行为的学生进行矫治和教育的过程中，应当尊重他们的人格尊严，不得侮辱、体罚、虐待和歧视。工读学校毕业以及解除收容教养、劳动教养的未成年人，在复学、升学、就业等方面与普通学校毕业的其他未成年人享有同等权利。每一个学校、用人单位，以及这些单位的工作人员，在招收学生、学生升级、升学以及聘用职工等方面，对曾经被收容教养、劳动教养过的未成年人，应当与其他未成年人同等看待，不能另立标准，更不能设立一些带有歧视性的条件。

四、未成年人对犯罪的自我防范

预防未成年人犯罪，在重视从外部条件上做好各方面预防犯罪工作的同时，我们也不能忽视未成年人自身在预防和抵制犯罪的方面的作用。犯罪的原因是多方面的，用辩证的观点看，外因是事物发展变化的条件，内因是根据，外因只有通过内因才能起作用。因此，未成年人应对犯罪进行自我防范。

（一）未成年人对违法犯罪的自我防范

为充分发挥未成年人自身预防犯罪方面的能动作用，未成年人应做到以下几个方面：

第一，未成年人应当遵守法律、法规及社会公共道德规范，这是对犯罪进行自我预防的基本条件。未成年人要有效地防止自己走上违法犯罪道路和防范违法犯罪行为对自己的侵害，就必须认真学法，提高识别违法犯罪行为的能力，增强法制观念和法律意识，自觉遵守各项法律、法规，善于并及时运用法律武器，通过合法途径，正确行使自己的各项正当权利，维护自己的合法权益；而不能使用事后报复等违法手段，使自己从违法犯罪行为的被害人转化为违法犯罪人。未成年人还应当自觉遵守社会公共道德、规范。一个人有良好的品行，就能够抵制各种不良思潮和不良行为的影响和诱惑，这是自身预防犯罪的重要基础。

第二，未成年人应当树立自尊、自律、自强意识。未成年人要自我尊重，尊重自己的人格，珍重自己的品行。未成年人树立自尊、自律、自强意识，就能自觉地、主动地、积极地对违法犯罪行为进行自我防范。

第三,未成年人应当增强辨别是非和自我保护的能力。首先,辨别是非的能力可以说是对犯罪进行自我防范的前提条件。社会、学校、家庭等应大力加强法制教育、道德教育,增强其辨别是非的能力,使其能自觉地抵制各种不良行为和违法犯罪行为的引诱,有效地预防未成年人跌入违法犯罪的泥潭。其次,未成年人应当增强自我保护的能力,以有效地防范违法犯罪行为对自身的侵害。

第四,未成年人应当自觉抵制各种不良行为及违法犯罪行为的引诱和侵害。大量事实证明,"不良行为—违法行为—犯罪行为"往往是违法犯罪者所经历的"三部曲"。因此,未成年人要有效地对违法犯罪行为进行自我防范,就必须做到两个方面:一是"反引诱",即未成年人应当自觉抵制各种不良行为及违法犯罪行为的引诱,以免误入歧途,走上违法犯罪之路;二是"反侵害",即未成年人应当自觉抵制各种不良行为及违法犯罪行为,以有效地预防、避免、减少被害,降低被害程度。未成年人只有全面完成了"反引诱"、"反侵害"的双重任务,才能谈得上较好地对犯罪进行自我防范。否则,其自我防范均是不完整的。

(二)未成年人在受到各种不良行为和违法犯罪行为的侵害时的自我防范

未成年人在受到各种不良行为和违法犯罪行为侵害时,应有效防止这些侵害,保护自己的合法权益,主要内容如下:

第一,被遗弃、虐待的未成年人的自我救助。"遗弃"是指对未成年人负有法定抚养义务的父母或其他监护人,不履行抚养义务,如不负担未成年子女的生活费、教育费,在生活上不照管未成年子女等。"虐待"是未成年人的父母或其他监护人虽然没有放弃对未成年人的抚养义务,但经常实施虐待行为,如打骂、冻饿、捆绑、强迫超体力劳动、限制人身自由、凌辱人格等,从精神、肉体上折磨、迫害未成年人。被遗弃、被虐待的未成年人,有权向公安机关、民政部门、共青团组织、妇联组织、未成年人保护组织以及城市居民委员会和农村村民委员会请求保护,被请求的上述部门和组织都应当接受,不能互相推诿,更不能将未成年人拒之门外。

第二,未成年人发现任何人对自己或其他未成年人实施该法第三章规定不得实施的行为或者犯罪行为,可以通过所在学校、其父母或其他监护人向公安机关或者政府有关主管部门报告,也可以自己向上述机关报告。受报告的公安机关或有关主管部门应当认真听取举报内容,及时组织人员依法查处,以有力打击违法犯罪行为,保护未成年人的合法权益。对于那些因未成年人认识错误而导致的误报、错报,受理报告的机关应对该未成年人进行法治宣传教育;对于那些因未成年人恶作剧而导致的谎报,受理报告机关应对其进行严肃的批评教育,情节恶劣者可给予必要的行政处罚;对于那些因未成年人受其他人教唆而导致的诬告,受理报告的机关应严肃处理,除严肃批评该未成年人外,还应对教唆者严加查办,直至追究刑事责任。

第三,对同犯罪行为作斗争以及举报犯罪行为的未成年人,司法机关、学校、社会应当加强保护,保障其不受打击、报复。司法机关应采取必要措施,防范罪犯实施打击报复行为,一旦发现其有打击报复的迹象,司法机关应及时采取相应的措施,同时加强对相关未成年人的保护。学校一旦发现有打击报复的迹象,应迅速与公安机关取得联系、及时与该未成年人的父母或其他监护人取得联系,共同做好保护工作。

五、对未成年人重新犯罪的预防

对于犯罪已被追究刑事责任的未成年人,应当实行教育、感化、挽救方针,坚持教育为主、惩罚为辅的原则,以防止未成年人重新走上犯罪道路。

首先，司法机关审理未成年人案件，应当保障未成年人行使其诉讼权利，充分保障其得到法律帮助。尤其在未成年人没有委托辩护人的公诉案件中，人民法院有义务指定承担法律援助的律师为其提供辩护。人民法院审判未成年人犯罪案件，应由少年法庭审理。对已满 14 周岁不满 16 周岁未成年人犯罪的案件，一律不公开审理；已满 16 周岁不满 18 周岁未成年人犯罪的案件，一般也不公开审理。这种审判制度是为了维护被审判未成年人的自尊心和社会形象，有助于教育、感化、挽救未成年犯罪人，有助于其今后回归社会。

其次，对未成年人犯罪案件，媒体及相关人员应努力保护未成年人的隐私。对未成年人犯罪案件，新闻报道、影视节目、公开出版物不得披露该未成年人的姓名、住所、照片及可能推断出该未成年人的资料，以防止在社会上造成消极影响，加重被披露的未成年人父母或其他监护人的思想压力，防止该未成年人产生逆反情绪、对抗情绪或者消极悲观情绪，甚至抗拒改造，重新犯罪。

再次，监管机关对被拘留、逮捕和执行刑罚的未成年人与成年人应当分别关押、分别管理、分别教育。在执行刑罚期间，执行机关应当加强对未成年犯的法制教育，同时，对未成年犯进行职业技术教育，对没有完成义务教育的未成年犯，执行机关应当保证其继续接受义务教育。

此外，对已被采取刑事强制措施的未成年学生，在人民法院的判决生效以前，学校不得取消其学籍。家庭、学校、社区基层组织，对因不满 16 周岁而不予刑事处罚、免予刑事处罚的未成年人，或者被判处非监禁刑罚、被判处刑罚宣告缓刑、被假释的未成年人，应当采取有效措施，协同司法机关做好对未成年人的教育、挽救工作。除正在收监执行刑罚的未成年犯罪人以外，其他未成年犯罪人，在复学、升学、就业等方面与其他未成年人享有同等权利，任何单位和个人对未成年犯罪人不得歧视。社会应加强正面宣传、正面教育，使人们懂得未成年犯罪人的可塑性、可改造性，使人们明白“犯过罪的人可以变为有用之才，有用之才也可以变为犯罪人”，教育引导人们用发展的眼光帮助失足的未成年人，为预防未成年人重新犯罪发挥自己应有的作用。

第三节　违反《预防未成年人犯罪法》的法律责任

预防未成年人犯罪，保护未成年人的合法权益，是家长、学校和社会各方面的义务和责任，如果不履行相应义务，违反本法的要求，应依法追究其法律责任。

一、家长在预防未成年人犯罪中的法律责任

(一)家长对未成年人的法制教育责任

《预防未成年人犯罪法》明确规定，未成年人的父母或者其他监护人对未成年人的法制教育负有直接责任。在进行法制教育时，应当结合学校计划，针对具体情况进行教育。即使夫妻离异，离异双方对子女也都有教育的义务，任何一方都不能因离异而不履行教育子女的义务。

(二)家长对未成年人行为的监督责任

《预防未成年人犯罪法》规定，未成年人的父母或者其他监护人和学校应当教育未成年人不得有旷课、夜不归宿、打架斗殴、辱骂他人等九种不良行为，还应“教育未成年人不得吸烟、酗酒”，发现未成年人参加实施不良行为的团伙时，应当及时予以制止。对有严重不良行为的未成年人，家长和学校应当相互配合，采取措施，严加管教。

(三)家长对未成年人的保护责任

未成年人的父母或者其他监护人不得让不满16周岁的未成年人脱离监护,单独居住。未成年人擅自外出、夜不归宿的,家长和其所在学校应当及时查找,或者向公安机关请求帮助。对在工读学校就读的未成年人,家庭也应当尊重他们的人格尊严,不得体罚、虐待和歧视。继父母、养父母对受其抚养教育的未成年继子女、养子女,也应当履行对未成年子女在预防犯罪方面的职责。家长不履行监护职责,公安机关应对未成年人的父母或者其他监护人予以训诫,责令其改正。

二、学校在预防未成年人犯罪中的主要义务

(一)对于达到义务教育年龄的未成年人负有进行预防犯罪教育的义务

学校和教育行政部门在对达到义务教育年龄的未成年人进行理想、道德、法治等教育的同时,应当进行预防犯罪教育,以增强未成年人的法制观念。学校应当将预防未成年人犯罪纳入学校教育计划,结合常见多发的未成年人犯罪,对不同年龄的未成年人进行有针对性的预防犯罪教育。学校在对学生进行预防犯罪教育时,应当将教育计划告知学生父母或其他监护人,以使他们有针对性地对学校教育予以配合,增强教育效果。

(二)学校对学生进行预防犯罪教育时,应当采取措施,提高教育质量

学校应当结合实际举办以预防未成年人犯罪的教育为主要内容的活动。学校应当聘任从事法制教育的专职或者兼职教师,还可以根据条件聘请校外法律辅导员。教育行政部门、学校应当举办各种形式的讲座、座谈、培训等活动,针对未成年人不同时期

的生理、心理特点，介绍良好有效的教育方法，指导教师、未成年人的父母和其他监护人有效地防止、矫治未成年人的不良行为。

（三）对学生的旷课行为，学校负有及时通知学生家长的义务

寄宿制学校对夜不归宿的未成年人应及时查找，学校发现未成年人的违法犯罪行为，或者发现他人对未成年人实施不良行为时，应当及时制止和报案。对未成年人健康成长有严重不良影响的教师，学校和教育行政部门应当解聘或辞退。学校不得歧视有不良行为或有违法犯罪行为的未成年人。

三、社会在预防未成年人犯罪中的法律责任

（一）刑事责任

公安机关的工作人员，接到报告后，不及时查处或采取有效措施，造成严重后果，构成犯罪的，依法追究刑事责任。制作、复制，或者向未成年人出售、出租、传播宣扬淫秽内容的出版物，构成犯罪的，依法追究刑事责任。教唆、胁迫、引诱未成年人实施该法规定的不良行为，或者为未成年人实施不良行为、严重不良行为提供条件，构成犯罪的，依法追究刑事责任。

（二）行政责任

营业性电子游戏厅、歌舞厅以及其他未成年人不适宜进入的场所，违反本法规定，不设置明显的未成年人禁止进入标志，或者允许未成年人进入的，文化行政部门应责令改正、给予警告、责令停业整顿、没收违法所得，并对直接负责的主管人员和其他直接责任人员处以罚款；情节严重的，由工商行政部门吊销营业执照。预防未成年人犯罪是全社会共同的、不可推卸的责任。政府有关部门、社会团体、学校、家庭、城市居民委员会及农村村民委员会等方

面应共同参与，各负其责，在各自的职责范围内做好预防未成年人犯罪工作，为未成年人身心健康发展创造良好的社会环境。

【本章小结】

本章介绍了《预防未成年人犯罪法》的立法背景、立法目的，预防未成年人犯罪工作的基本原则，有助于我们深入领会其立法意图和立法精神，指导我们的实际工作。本章还详细介绍了在预防未成年人犯罪工作中家长、学校、社会等各方主体的义务和法律责任，强调预防未成年人犯罪，重在教育。

【复习思考题】

1. 预防未成年人违法犯罪工作应遵循哪些基本原则？

2. 家长、学校在预防未成年人违法犯罪中有哪些义务和责任？

第七章　幼儿园工作规程

国家教育委员会于 1989 年 6 月 5 日颁布《幼儿园工作规程（试行）》，1996 年国家教育委员会在 6 年来所取得经验的基础上，广泛征求意见，对《幼儿园工作规程（试行）》进行修订，于 1996 年 3 月 9 日正式发布《幼儿园工作规程》，自 1996 年 6 月 1 日起正式施行。《幼儿园工作规程》是具体规范幼儿教育工作的最高法规，是《教育法》的组成部分。《幼儿园工作规程》的贯彻实施对于促进社会主义教育事业的发展，尤其是基础教育事业的发展，提高全民族的素质，培养社会主义现代化建设的合格人才具有重要的意义。随着《幼儿园管理条例》和《幼儿园教育指导纲要》及其他法规、政策的颁布和实施，我国的幼儿园教育正逐步走上法制化和规范化轨道。

第一节　《幼儿园工作规程》概述

一、《幼儿园工作规程》颁布的背景

自 80 年代至 90 年代初，随着世界科技发展、职业妇女的增加、社会革新潮流的推动与挑战，幼儿教育取得了较快发展。主要表现在：

一是为适应社会发展的客观要求，保护儿童的合法权益，1989 年 11 月 20 日在第四十四届联合国大会以第 25 号决议通过的《儿童权益公约》，得到了 128 个国家赞成。我国 1990 年就签署了《儿童权益公约》；1991 年公布了《中华人民共和国未成年人保护法》、《九十年代中国儿童发展规划纲要》；1997 年初，国家教委和全国妇联又联合颁发了《家长教育规范》。这些法律文件都明确规定了儿童权益，适应范围均包括幼儿家庭教育，成人必须依法维护儿童的合法权益。

二是 1990 年召开的世界全民教育大会，强调“生来即学”的原则，以及幼儿教育及发展的必要性，同时强调家庭、社区应积极参与对贫困、残疾儿童的教育。

三是 1990 年联合国在纽约召开的“世界儿童问题首脑会议”，会后发表了《儿童生存、保护和发展世界宣言》，制定了《执行 1990 年儿童生存、保护和发展世界宣言行动计划》，目的是做出共同的承诺，并向全世界紧急呼吁：“让每个儿童有更好的未来。”这些文件是围绕提高儿童福利，保护儿童的各种权利，促进儿童潜能的充分发挥，真正使全世界关注尊重儿童的生存、权利和福利，让每个儿童在欢乐、和平、游戏、学习的良好氛围中长大成人而制定的。

中国政府在联合国世界儿童问题首脑会议制定的“宣言”和“行动计划”两个文件上签字，并相应地制定了《九十年代中国儿童发展规划纲要》和《国民经济和社会发展十年规划和第八个五年计划纲要》，两个文件都明确规定了儿童发展的重要指标，充分显示了我国政府高度重视儿童生存、权利和发展。这种国际、国内前所未有对儿童教育的重视和关心，为学前教育法律法规的产生和实施提供了十分重要的社会政治和经济条件。

十一届三中全会以后，我国加强“依法治教”的进程，先后发布了《学位条例》、《义务教育法》、《教师法》、《教育法》，这无疑为幼儿教育工作铺平了“依法治教”的道路。但是,幼儿教育有其特殊性,这些法律法规对幼儿教育工作来说,还缺乏具体性和可操作性。依据《教育法》制定的《幼儿园工作规程》则具体表达了国家对幼儿园教育的要求,规定了幼儿园教育的主要目标,指明了我国幼儿教育工作的方向。

二、实施《幼儿园工作规程》的意义

(一)有利于幼儿教育工作走上“依法治教”的轨道

一是确立了幼儿园教育的法律地位,幼儿园被纳入我国学校教育制度体系。《幼儿园工作规程》明确指出“为了加强幼儿园的科学管理,提高保育和教育质量,依据《中华人民共和国教育法》制定本规程”。同时提出“幼儿园是对3周岁以上学龄前幼儿实施保育和教育的机构,是基础教育的有机组成部分。是学校教育制度的基础阶段”。

二是明确了学前教育的根本任务,即“实行保育与教育相结合的原则,对幼儿实施体、智、德、美诸方面全面发展的教育,促进其身心和谐发展。幼儿园同时为家长参加工作、学习提供便利条件”;“幼儿园教育是基础教育的重要组成部分,是我国学校教育和终身教育的奠基阶段,城乡各类幼儿园都应从实际出发,因地制宜实施素质教育,为幼儿一生的发展打好基础”。

三是保障和促进幼儿园依法治教目的的实现,提高学前教育工作的效率。

《幼儿园工作规程》对各方法律关系主体的法律地位、权利、义务等做了明确的规定,这些规定为依法治教提供了基本的法律依据。同时《幼儿园工作规程》对幼儿园的管理、教育、卫生保健等方面有明确规定,要求幼儿园和各级行政部门按照《幼儿园工作规程》进行管理,避免工作中的随意性和盲目性,从而保障和促进依法治教目的的实现。

(二)有利于受教育者全面发展

《幼儿园工作规程》中提出的教育目标既体现了我国国情又面向世界,既着眼于社会主义初级阶段的社会需要,又考虑到21世纪的挑战。要求教育从幼儿阶段开始就重视全面发展,而不是像过去那样片面强调智力开发而忽视德育;重视培养终身学习所需要的基本素质,重视社会性的发展,而不是仅仅着眼于单纯的知识技能的掌握。如《幼儿园工作规程》明确规定了幼儿园教育工作的原则是体、智、德、美诸方面的教育应互相渗透,有机结合;遵循幼儿身心发展的规律,符合幼儿的年龄特点,注重个体差异,因人施教,引导幼儿个性健康发展;面向全体幼儿,热爱幼儿,坚持积极鼓励、启发诱导的正面教育;合理地组织各方面的教育内容,并渗透于幼儿一日生活的各项活动中,充分发挥各种教育手段的交互作用;创设与教育相适应的良好环境,为幼儿提供活动和表现能力的机会与条件;以游戏为基本活动,寓教育于各项活动之中。这些都有利于儿童全面发展。

(三)有利于幼儿园科学管理

《幼儿园工作规程》对幼儿园的科学管理做了明确规定,包括管理体制、工作原则,幼儿园园长和有关人员的资格、聘任、考核,以及物质条件保障,等等。这些规定为幼儿园科学管理提供了法律依据和保障。

(四)有利于完善教育法律体系

《幼儿园工作规程》是具体规范幼儿教育工作的最高法规,它的颁布填补了教育法律在幼儿教育领域的空白,进一步完善了教育法律体系。地方行政机关可以此为依据,制定地方性的幼教工作政策法规。

（五）有利于保障幼教工作中法律关系主体权利和义务的实现

《幼儿园工作规程》明确了幼儿教育工作中各种法律关系主体的权利和义务。这样，既保证了各方依法行使自己的权利，同时也保证了各方依法履行自己的义务，使幼儿教育工作得以顺利进行。

《幼儿园工作规程》对保证幼儿的权利具有特别重要的意义。幼儿由于年龄小，生理和心理都极不成熟，他们不能像成年人那样预见自己行为的后果，所以需要社会的特别保护。《幼儿园工作规程》的颁布给幼儿增加了一道权利保护的屏障。

三、《幼儿园工作规程》中确立的幼儿教育的基本原则

幼儿园是对3周岁以上学龄前幼儿实施保育和教育的机构。这一年龄阶段的儿童在生理和心理上都有其自身特点。因此，幼儿园的工作也应有其自身特点，遵循其特有的原则。

幼儿教育的基本原则体现了幼儿教育工作的特点，对幼儿教育工作起指导和制约作用，是幼儿教育的立法、执法和守法中应当遵循的基本准则。幼儿教育的基本原则是幼儿教育工作的出发点，同时，应体现在幼儿教育工作的过程和归宿上。每个幼儿教育工作者都应当了解和掌握幼儿教育的基本原则。如果只了解《幼儿园工作规程》的某些具体规定，而不了解它确立的幼儿教育基本原则，那么，这些具体规定就是孤立的、分散的、毫无意义的，在运用这些具体规定时，就会失去方向、失去约束，幼教工作就会走上邪路。所以，学习和实施《幼儿园工作规程》，应该首先了解它的基本原则。

《幼儿园工作规程》所提出的幼教基本原则比较广泛，主要有

以下几个方面：

(一)保教结合原则

幼儿生理和心理发展的特点要求成人必须对他们特别关注：一方面要精心照料和保护；另一方面要为他们创设良好的条件和环境，满足他们身心发展的需要，促进他们生理、心理健康发展。保育与教育并重，忽视其中任何一方面都将影响幼儿的健康发展。

《幼儿园工作规程》第五条规定了幼儿园保育和教育的目标：(1)促进幼儿身体正常发育和机能的协调发展，增强体质，培养良好的生活习惯、卫生习惯和参加体育活动的兴趣。(2)发展幼儿智力，培养正确运用感官和语言交往的基本能力，增进对环境的认识，培养有益的兴趣，培养初步的动手能力。(3)激发幼儿爱家乡、爱祖国、爱集体、爱劳动、爱科学的情感，培养诚实、自信、好问、友爱、勇敢、爱护公物、克服困难、讲礼貌、守纪律等良好的品德和行为习惯，以及活泼、开朗的性格。(4)培养幼儿初步的感受美和表现美的情趣和能力。(5)保育和教育是幼儿园工作的中心环节，在保育和教育工作中认真贯彻落实《幼儿园工作规程》制定的目标，是幼儿园依法治园的核心内容。幼儿一日生活中的每个环节，都包含着丰富的保育和教育的内容，幼儿园工作人员应该把握时机，创造性地贯彻保教结合的原则，促进幼儿身心和谐发展。

(二)多种教育互相渗透、有机结合的原则

体、智、德、美诸方面的教育互相渗透，有机结合。如在体育中，不仅要注意幼儿身体的发育、体质的增强，而且要注意培养幼儿参加体育活动的兴趣和良好的卫生健康习惯等。在智育中，不仅要求幼儿掌握粗浅的知识技能，而且要培养幼儿的学习兴趣、

动手操作能力及解决实际问题的能力，等等。对幼儿进行体、智、德、美全面发展的教育，不得有所偏废，并要注意各种教育的互相影响和互相渗透，使幼儿身心各个方面都得到均衡发展。

（三）注意个体差异、因人施教的原则

幼儿园教育应遵循幼儿身心发展的规律，符合幼儿的年龄特点，注重个体差异，因人施教，引导幼儿个性健康发展。由于遗传因素、家庭教育及发展水平的不同，幼儿之间存在差异，教师只有观察、了解幼儿，针对不同幼儿的实际情况实施教育，才能保证促进每个幼儿在原有水平上最大限度的发展。

（四）面向全体，坚持正面教育的原则

幼儿园教育工作应面向全体幼儿，坚持积极鼓励、启发诱导的正面教育。面向全体是我国法律面前人人平等原则在幼儿教育中的体现。在幼儿园工作中，不得因为民族、种族、性别、职业、财产状况、宗教信仰等歧视任何幼儿。幼儿园的所有幼儿都有权得到幼儿园的平等对待，有权参加幼儿园的各种活动，有权享受幼儿园的各种福利。同时，由于幼儿知识经验少，自理能力差，往往不易分清正确与错误，各种教育影响都容易接受。正面教育可以保护幼儿的上进心、积极性，而反面教育不利于幼儿理解和接受。对幼儿采用批评、斥责、谩骂、体罚等手段，都是不符合正面教育原则的。在幼儿出现违反规定的行为时，应耐心地采取正面引导、说服教育等方式。

（五）发挥各种教育手段交互作用的原则

幼儿园教育工作应合理地综合运用各种教育手段，并渗透于幼儿一日生活的各项活动中，充分发挥各种教育手段的交互作用。

(六)幼儿活动主体性原则

创设与教育相适应的良好环境,为幼儿提供活动和表现的机会和条件。幼儿接受什么,不接受什么,接受到什么程度,主要取决于幼儿依据自身的兴趣、经验、认知能力、情感等所做出的选择。教师要尊重幼儿,观察了解幼儿,为幼儿创设适宜的发展条件,最大限度地调动幼儿学习的主动性、积极性和创造性。

(七)寓教于乐原则

寓教于乐原则是指通过游戏活动对幼儿进行教育,寓教于各项活动之中。幼儿天性喜爱游戏,游戏最符合幼儿身心发展的特点。通过游戏可促进幼儿身心的发育,有利于幼儿道德品质与个性的形成和社会性的发展,扩大幼儿社会交往的范围,加强自己行为的认识和评价,克服以自我为中心,建立良好的人际关系;有助于幼儿积极主动性的培养,可促进幼儿独立思考、探索与创造,以及语言表达能力的发展。所以,在幼儿园教育工作中应坚持寓教于乐的原则。

《幼儿园工作规程》中所规定的基本原则是互相联系、相互作用的,是幼儿园工作的指针,体现了幼儿教育特点。在贯彻上述原则时,也必须考虑本幼儿园的特点。

第二节　《幼儿园工作规程》的主要内容

一、幼儿园的体制

(一)性质

幼儿园是对3周岁以上学龄前幼儿实施保育和教育的机构,

是基础教育的有机组成部分，是学校教育的基础阶段。我国《教育法》对此已有明确规定："国家实行学前教育、初等教育、中等教育、高等教育的学校教育制度。"可见，学前教育（即幼儿教育）是我国学校教育制度的一个组成部分。

（二）学制

（1）年龄：幼儿园适龄幼儿为 3 周岁至 6 周岁（或 7 周岁）。（2）年限：幼儿园一般为三年制，亦可设一年制或两年制的幼儿园。（3）形式：幼儿园可分为全日制、半日制、定时制、季节制和寄宿制等。上述形式可分别设置，也可混合设置。（4）招生：幼儿园每年秋季招生。平时如有缺额，可随时补招。幼儿园入园前，必须按照卫生部门规定的卫生保健制度进行体格检查，合格者方可入园。幼儿入园除进行体格检查外，严禁任何形式的考试或测查。（5）规模：幼儿园规模以有利于幼儿身心健康、便于管理为原则，不宜过大。幼儿园每班幼儿人数一般为：小班（3 周岁至 4 周岁）25 人，中班（4 周岁至 5 周岁）30 人，大班（5 周岁至 6 或 7 周岁）35 人，混合班 30 人，学前幼儿班不超过 40 人。寄宿制幼儿园每班幼儿数酌减。幼儿园可按年龄分别编班，也可混合编班。

（三）管理体制

（1）幼儿园实行园长负责制，园长在举办者和教育行政部门领导下，依据有关法规负责领导全园工作。

幼儿园可建立园务委员会。由保教、医务、财会等人员的代表以及家长的代表组成。园长任园务委员会主任。

园长定期召开园务会议（遇重大问题可临时召集），对全园工作计划，工作总结，人员奖惩，财务预算和决算方案，规章制度的建立、修改、废除，以及对其他涉及全园工作的重要问题进行审议。

不设园务委员会的幼儿园，上述重大事项由园长召集全体教职工会议商议。

(2)幼儿园应建立教职工大会制度，或以教师为主体的教职工代表会议制度，加强民主管理和监督。

(3)党在幼儿园的基层组织中要发挥政治核心作用。园长要充分发挥共青团、工会等其他组织在幼儿园工作中的作用。

二、幼儿园的权利和义务

规定权利、义务是建立现代教育制度在法律上的一个基本要求，也是教育机构法律地位的具体反映。

(一)幼儿园的基本权利

幼儿园的权利是指其在教育活动中依法享有的权利，即幼儿园在教育活动中能够做出一定行为，并要求相应做出或不做出一定行为的许可和保障，为《教育法》所确认、设定和保护。根据我国《教育法》规定，凡经合法手续设立的幼儿园，具有以下基本权利：

1. 按照章程自主管理幼儿园权

幼儿园根据章程权利确立的办园宗旨、管理体制及各项重大原则，有权制定具体的管理章程和发展规划，自主地做出管理决策，并建立、完善自己的管理系统，组织实施管理活动，不必事无巨细地向主管部门或举办者请示。主管部门或举办者对幼儿园符合其章程规定的管理行为无权干涉。

幼儿园之所以有这样的权利，是因为它作为法人在依法批准设立时，必须具有符合国家规定的组织章程。教育法人本身是一个组织机构，组织机构的运转必须有自身内部的管理章程，这是设立教育机构所必须具备的四个基本条件中的第一个。幼儿园一经依法设立，即意味着具备得以设立的全部条件，也就是说，其章程得到确定，因此幼儿园按照被确定的章程对其内部进行管理即成为其所行使的法定权利。

2. 组织实施保育教育活动权

幼儿园有权利根据自己的办园宗旨和任务，依据国家教育主管部门有关规定，自行决定和实施自己的保育教育计划，决定具体的课程模式和教学方法，决定选用何种教材，决定具体一日活动安排，组织保教活动评比、检查评议等。这项权利是教育机构作为以培养人、教育人为宗旨的法人，被《教育法》确定的从事教育活动的权利能力；其他领域的不是依《教育法》成立的法人，均不具有从事教育活动的权利。确定这项权利，既可以保证幼儿园在全面贯彻教育方针、全面实施幼儿教育法规中，享有设计、安排、开展保育教育活动的自主权利，又可以防止外来力量对幼儿园保教活动的冲击，对幼儿园正常的保教秩序的干扰。

3. 招收新生权

幼儿园根据自己的办园宗旨、培养目标、任务以及办学条件和能力，根据有关“幼儿园每年秋季招生。平时如有缺额，可随时补招”等有关招生编班的规定，有权制定本机构具体的招生办法，发布招生广告，决定招生的具体数量和人员，确定招生范围和来源。招生是一种属于教育活动的特殊活动。招生权是教育机构的基本权利。幼儿园一旦为《教育法》确认为具有进行教育活动的权利能力的法人，那么作为其组织实施教育活动的需要，部分招收学生的活动，就被认定为其所具有的特殊的法定权利；其他领域中不具有《教育法》确定的法人机构，不具有招收学生的权利。幼儿园在行使这一权利时，必须遵守国家规定，不要擅自突破国家有关招生、编班的规定，造成学额过多、影响幼儿身心健康，影响管理工作。主管部门非法限制或取消幼儿园的自主招生权，实际上是侵权行为，也必须制止或纠正。

4. 学籍管理权

幼儿园根据有关规定，有权确定有关幼儿报名注册的管理办法，并建立幼儿名册。幼儿学籍管理档案，包括幼儿花名册、幼儿登记表、幼儿身心发展状况记录等。此项权利是幼儿园依法实施教育活动的权利的一部分，是加强对受教育者的教育、管理职能，维护教学秩序，保证教育教学质量的需要。幼儿学籍管理档案的建立，便于幼儿园和各年龄班加强管理，也有利于教师掌握幼儿全面发展的规律，因材施教。

5. 聘任并管理教师及其他职工权

幼儿园根据有关教师和其他教职工管理的法律法规和主管部门的规定，从本园的办学条件、办学能力和实际编制情况出发，有权自主决定聘任、解聘有关教师和其他职工，可以制定本园的教师及其他教职工聘任办法，签订和解除聘任合同，并可以对教师及其他员工实施奖励和处分。奖励、处分教师和其他职工时，应根据教师和其他职工的职责要求，重点考虑本人的表现及业绩。此项权利，是幼儿园实施教育活动的保证，也是其作为法人被法律所确认的权利之一。幼儿园用好这项权利，有利于调动教职工的积极性，提高办园质量和效益。

6. 对本单位设施和经费的管理和使用权

幼儿园对其占有的场地、教室、园舍、保教设备等设施、办园经费以及其他有关财产，享有财产管理权和使用权。幼儿园行使此项权利，应遵守国家有关国有资产管理、教育经费投入及幼儿园财务活动的管理规定，符合国家和社会公共利益，有利于幼儿园发展和实现其办园宗旨，有利于合理利用教育资源，不得妨碍保教和管理活动的正常进行。

7. 拒绝对保教活动的非法干涉权

即依据《教育法》规定，幼儿园有权“拒绝任何组织和个人对教育教学活动的非法干涉”。幼儿园对来自行政机关（包括教育行政机关)、企业事业组织、社会团体、个人等方面非法干涉保教活动的行为,有权拒绝和抵制。所谓"非法干涉",是指行为人违背法律、法规和有关规定,做出的不利于教育活动的行为。如强行占用幼儿园活动用房和场地,随意抽调幼儿园教职工另作他用、延误或停止幼儿园保教活动开展,借口因材施教,到幼儿园来乱办所谓的艺术班、体操班、超常班以牟取经济利益等。当前,社会对幼儿园的乱摊派以及某些教育行政部门业务机构的随意检查,干预过多,干扰了正常的保教秩序。对此,幼儿园有权抵制,并应要求教育行政部门会同当地公安、司法、纪检、监察等部门,及时予以查处。幼儿园都可借助本条权利予以拒绝或抵制。幼儿园也有权通过教育行政部门会同纪检、监察等部门进行综合治理,并按《教育法》坚决及时予以查处。

8. 法律法规规定的其他合法权益

这是指除前述八项权利外,现行法律、行政法规以及地方性法规赋予教育机构的一般法人的权利和其他法律法规规定的权利。同时,还包括将来制定的法律、法规确立的有关权利。此项规定,是对幼儿园享有除前述八项权利外的其他合法权利的概括。做出此项规定,有利于将来制定有关教育法律、法规,进一步完善教育机构的办学自主权利。

(二)幼儿园的义务

教育机构的义务是指其在教育活动中必须履行的法律义务,即在教育活动中必须做出一定行为或不得做出一定行为的约束。它根据法律产生,并以国家强制力保障其履行。规定教育机构的义务,一是为保证教育机构实现育人宗旨、实现教育教学活动的需要;二是保障教育机构相对一方特别是学生和教师维护其合法权益的需要。从深层次上说,它也是权利、义务一致的体现。根据我国《教育法》规定,幼儿园应履行下列基本义务:

1. 遵守法律、法规

这项义务是基于我国《宪法》的有关规定确立的，是法律对一般法人的要求。《宪法》第五条中规定："一切国家机关和武装力量、各政党和各社会团体、各企业事业组织都必须遵守宪法和法律。一切违反宪法和法律的行为，必须予以追究。""任何组织或者个人都不得有超越宪法和法律的特权。"幼儿园是育人的社会组织，遵守法律、法规是其必须履行的基本义务。此项义务中的"法律"，包括《宪法》和国家权力机关制定的法律；"法规"包括国务院制定的行政法规和地方性法规。《教育法》做出此项规定，并不是对《宪法》有关内容的简单重复。它包括两层含义，既包括教育机构在一般意义上的守法，不得违背法律、法规的规定，以及不得违背根据法律、法规制定的规章；也包括教育法律、法规、规章中为教育机构确立的特定意义上的义务，这些义务与实施教育活动，实现其办学宗旨有密切联系。

2. 贯彻国家的教育方针，执行国家保育教育标准，保证保育教育质量

这项义务的内容是：(1)幼儿园在整个保育教育教学活动中，要坚持社会主义办学方向，贯彻《教育法》第五条确立的国家教育方针，按国家规定的保育教育目标，面向全体幼儿，实施全面发展教育。(2)要执行国家关于幼儿园保育教育的标准，努力改善办园条件，加强育人环节，保证不断提高教育质量。

确立此项义务，有利于保证幼儿园教育的社会主义性质，克服当前出现的迎合少数家长心理需要，忽视幼儿兴趣和健康发展，搞"专长培养"；把学前班当成小学预科班下放小学课程，搞幼儿教育小学化等违背幼儿发展规律、违背全面发展教育方针的问题。《教育法》施行后，不履行此项义务，出现上述违背国家教育方针的行为，或者不执行国家教育教学标准，已不再是单纯的教育思想和教学方法错误问题，将被作为违法行为对待，幼儿园及有关直接责任人员要承担相应的法律责任。

3. 维护受教育者、教师及其他职工的合法权益

这项义务的内容包括:(1)幼儿园自身的行为不得侵犯幼儿、教师及其他职工的合法权益,如不得克扣、拖欠教职工工资,不得拒绝合乎入学标准的幼儿入园等;(2)当教育机构以外的其他社会组织和个人侵犯了幼儿、教师及其他职工的合法权益,幼儿园应当以合法方式,积极协助有关单位查处违法行为的当事人,维护其合法权益。

这项义务的确立,有助于形成一种幼儿园爱护教师、幼儿,教师关心、爱护幼儿园的良好教育教学关系,保持幼儿园秩序乃至社会秩序的稳定,也有助于维护幼儿、教师的合法权益。对幼儿园侵犯教师、幼儿合法权益的,教师、幼儿家长有权依法提起申诉或诉讼。

4. 以适当方式为幼儿监护人了解幼儿的发展状况及其他情况提供便利

这项义务的实质,是幼儿园保障幼儿监护人了解幼儿在幼儿园情况的知情权,是加强幼儿园教育与家庭教育的联系和沟通的需要。所谓"适当方式"是指幼儿园通过设立家长接待日、家长会议、家长联系本、家长园地、家庭访问、家长咨询室、幼儿作品展、对家长开放日等合法的、正当的方式。所谓"监护人",是指未成年人的父母,父母没有监护能力或者不能履行监护职责时,由未成年人的其他成年亲属或者所在基层组织担任监护人。所谓"提供便利",一般包括两个方面:一是幼儿园不得拒绝幼儿监护人了解幼儿在园表现等情况的请求;二是幼儿园应当提供便利条件,帮助幼儿监护人行使此项知情权。幼儿园在履行此项义务时,要特别注意不得侵犯受教育者的隐私权、名誉权等合法权益。

5. 遵照国家有关规定收取费用并公开收费项目

即幼儿园应按省、自治区、直辖市或地(市)级教育行政部门会同有关部门制定的收费项目和标准，从公益性质出发，按照成本分担原则，公平、合理地确定本园的收费标准并向家长、社会及时公布收费项目。《教育法》确立此项义务，使国家现行有关学校及其他教育机构收费的一系列政策、规章具有法律效力。幼儿园应向社会公开收费项目，包括收费的具体名称和标准，必要时还应公开所收费用的账目，以便家长和广大人民群众监督。不履行此项义务，不执行各级政府及有关主管部门的规定，巧立名目，乱收费用，甚至把幼儿园变成牟利的工具，都是非法行为，幼儿园及其直接责任人员须承担相应的法律责任。

6. 依法接受监督

这项义务是指幼儿园对各级权力机关、行政机关依法进行的检查、监督以及社会各界依法进行的监督，应当积极予以配合，不得拒绝，更不得妨碍检查、监督工作的正常进行，这是幼儿园作为行政管理相对人和独立法人应承担的法定义务。特别是符合《教育法》第八条确立的“教育活动必须符合国家和社会公共利益”原则的基本要求，有利于促进幼儿园自觉地把保育、教育和管理活动置于主管部门和社会的监督之下，全面贯彻国家的教育方针，完成办园任务。

三、幼儿园的教师

（一）幼儿园教师的资格

幼儿园教师的资格包括思想、学历、能力、身体状况等方面。其中将教师的思想规定为：“幼儿园工作人员应拥护党的基本路线，热爱幼儿教育事业，爱护幼儿，努力学习专业知识和技能，提高文化和专业水平，品德良好，为人师表，忠于职责，身体健康。”（《幼儿园工作规程》第三十五条）

对幼儿园教师的学历规定为：“取得幼儿园教师资格，应当具

备幼儿师范学校毕业及其学历。”(《教师法》第十一条)

关于能力和身体方面的要求,见本书《教师法》部分。

(二)幼儿园教师的权利

《幼儿园工作规程》根据《教育法》和《教师法》的有关规定,结合幼儿园工作的特点,对教师的权利又做了比较具体、明确的规定,主要有以下几方面:

(1)教育教学权:是指幼儿教师根据本班幼儿特点,制定保教计划、组织课堂教学、指导幼儿学习、评定幼儿发展、开展保育与教育改革和实验的权利。任何组织和个人都不得非法剥夺在聘教师从事教育活动、开展教育教学改革和实验的权利。

(2)进修培训权:是指幼儿教师有权参加进修和接受其他多种形式的培训,不断更新观念、调整知识结构,提高自己的思想品德和业务素质,从而保障幼儿园的保育和教育质量。教育行政部门和幼儿园及其他教育机构应当采取各种形式,开辟多种渠道,保证教师进修培训权的行使。

(3)民主管理权:教师享有对幼儿园及教育行政部门工作的建议和批评权。教师有权通过教职工代表大会、工会等组织形式,参与幼儿园的民主管理,讨论幼儿园的改革、发展等方面的重大问题。

(4)获取报酬待遇权:教师有权要求所在的幼儿园及其主管部门根据国家教育法律、教师聘用合同的规定,按时、足额支付工资报酬。教师有权享受国家规定的福利待遇。

(三)幼儿园教师的义务

《教育法》、《教师法》对教师义务的规定,也适用于幼儿园教师,可参照学习。《幼儿园工作规程》对幼儿园职责的规定,其中有一些既是教师的权利,也是教师的义务。《幼儿园工作规程》中指出，幼儿园教师对本班工作全面负责，其主要职责如下：

（1）观察了解幼儿，依据国家规定的幼儿园课程标准，结合本班幼儿的具体情况，制定和执行教育工作计划，完成教育任务。

（2）严格执行幼儿园安全、卫生保健制度，指导并配合保育员管理本班幼儿生活和做好卫生保健工作。

（3）与家长保持经常联系，了解幼儿家庭的教育环境，商讨符合幼儿特点的教育措施，共同配合完成教育任务。

（4）参加业务学习和幼儿教育研究活动。

（5）定期向园长汇报，接受其检查和指导。

四、幼儿园的园长

《中国教育改革和发展纲要》规定："中等及中等以下各类学校实行校长负责制。"《幼儿园工作规程》明确规定："幼儿园实行园长负责制，园长在举办者和教育行政部门领导下，依据本规程负责领导全园工作。"

（一）幼儿园园长的任职资格

根据规程规定，园长的任职资格包括思想、学历、能力、身体等几个方面：

1. 思想政治要求

《幼儿园工作规程》第三十五条规定："幼儿园工作人员应拥护党的基本路线，热爱幼儿教育事业，爱护幼儿，努力学习专业知识和技能，提高文化和专业水平，品德良好，为人师表，忠于职责，身体健康。"

2. 学历资历要求

（1）示范性和乡镇中心园长应具备幼儿师范学校（含职业学校幼教专业）毕业及其以上学历，有 5 年以上幼儿教育工作经历，并具有小学、幼儿园高级教师职务。

(2)其他幼儿园园长应具备幼儿师范学校(含职业学校幼教专业)毕业及以上学历或高中毕业并获得幼儿园教师专业考试合格证书,有一定的幼儿教育工作经历,并具有小学、幼儿园一级教师职务。

(3)获得幼儿园园长岗位培训合格证书。

3. 业务知识要求

(1)政策法规知识:正确领会和掌握国家的教育方针、政策和法规的基本精神,熟悉幼儿教育法规和规章,依法办园。

(2)专业知识:有一定的幼儿卫生、心理和教育的基本理论知识,了解和掌握幼儿身心发展和教育的基本规律并能组织实施。

(3)管理知识:有科学管理的基本知识。

4. 岗位能力要求

(1)执行力:能根据党和国家的有关方针、政策和法规、规章,结合本园实际,制定本园发展规划和工作计划并组织实施。

(2)管理能力:有管理和指导保教工作的能力,并组织管理卫生保健工作;指导教师制定适合幼儿发展水平的教育计划,正确评价保育教育工作;组织开展有效的教研工作,帮助保教人员提高业务水平,改进保教工作。

(3)协调能力:有一定的组织协调能力。能调动教职工的积极性,善于依靠和动员家长、社区等方面的力量参与、支持幼儿园建设。

(4)表达能力:有一定的撰写文稿和口语表达能力。能拟定工作计划、撰写工作经验和研究报告,并指导教师撰写文稿。

5. 身体要求

身体健康,能胜任工作。身体健康包括生理健康、心理健康和适应社会的能力。

幼儿园园长的身体应符合对教师的一般要求。对教师的身体要求参见《教师法》部分。

（二）幼儿园园长的权利和义务

幼儿园园长是幼儿园的法人代表，行使幼儿园园长的权利并承担其义务。其权利和义务与前述幼儿园的权利和义务是一致的。这里不再详述。

五、幼儿园的其他工作人员

《幼儿园工作规程》对幼儿园的其他工作人员，如保育员、医务人员等，也做了比较明确的规定。这些人员必须具备相应的资格，行使规定的权利，履行相应的义务。这里主要谈一谈保育员和医务人员的职责。

1. 幼儿园保育员的主要职责

负责本班房舍、设备、环境的清洁卫生工作；在教师指导下，管理幼儿生活，并配合本班教师组织教育活动；在医务人员和本班教师指导下，严格执行幼儿园安全、卫生保健制度；妥善保管幼儿衣物和本班的设备、用具。

2. 幼儿园医务人员的主要职责

协助园长组织实施有关卫生保健方面的法规、规章和制度，并监督执行；负责指导、调配幼儿膳食，检查食品、饮水和环境卫生；密切与当地卫生保健机构的联系，及时做好计划免疫和疾病防治等工作；向全园工作人员和家长宣传幼儿卫生保健等常识；妥善管理医疗器械、消毒用具和药品。

第三节　幼儿园教育活动中的违法行为和法律责任

《幼儿园工作规程》对幼儿园法律责任的规定比较笼统："对

不履行职责者，应给予批评教育；情节严重的，应给予行政处分；构成犯罪的，由司法机关依法追究刑事责任。”对幼儿教育活动中各主体行为法律责任的理解，应结合《教育法》、《刑法》、《民法》等有关规定。

一、违反《幼儿园管理条例》行为的法律责任

《幼儿园管理条例》第五章第二十七条、第二十八条对违反该条例的下列九种行为，规定了相应的法律责任：(1)未经登记注册，擅自招收幼儿的；(2)园舍设施不符合国家卫生标准、安全标准，妨害幼儿身体健康或者威胁幼儿生命安全的；(3)教育内容和方法违背幼儿教育规律，损害幼儿身心健康的；(4)体罚或变相体罚幼儿的；(5)使用有毒、有害物质制作教具、玩具的；(6)克扣、挪用幼儿园经费的；(7)侵占、破坏幼儿园园舍、设备的；(8)干扰幼儿园正常工作秩序的；(9)在幼儿园周围设置有危险、有污染或者影响幼儿园采光的建筑和设施的。其中，许多规定同《教育法》、《教师法》是一致的。既违反该条例的行为同时违反了《教育法》和《教师法》，因此，这里不再重复，下面仅举五个典型的案例，以加深印象。

【案例一】 幼儿园注册管理执法案例。某市某区某街道办事处筹办红光幼儿园，未经登记注册，便招收了45名幼儿。区教育局在处理中认为，兴办幼儿园对于促进幼儿身心和谐发展，为实施九年义务教育打好基础是十分必要的。国务院《幼儿园管理条例》第五条规定：“地方各级人民政府可以依据本条例举办幼儿园，并鼓励和支持企业事业单位、社会团体、居民委员会和公民举办幼儿园或捐资助园。”同时，为了加强幼儿园的管理，保证办园的基础条件，该条例规定了举办幼儿园的审批程序，即第十一条规定：“国家实行幼儿园登记注册制度，未经登记注册，任何单位和个人不得举办

幼儿园。"第十二条规定："城市幼儿园的举办、停办，由所在区、不设区的市人民政府教育行政部门登记注册。农村幼儿园的举办、停办，由所在乡、镇人民政府登记注册，并报县人民政府教育行政部门备案。"这些规定体现了《教育法》第二十七条关于"学校及其他教育机构的设立、变更和终止，应当按照国家有关规定办理审核、批准、注册或者备案手续"的要求。某街道办事处筹办幼儿园，应按上述规定履行必要的注册手续。然而，经调查，红光幼儿园未经登记注册就招生，违反了《教育法》和《幼儿园管理条例》的有关规定，故应根据《教育法》第七十五条规定和《幼儿园管理条例》第二十七条有关规定予以停止办园的行政处罚。

【案例二】 幼儿园园舍卫生安全设施管理执法案例。某县某乡中心小学附设幼儿园，因儿童厕所年久失修，改用中心小学室外厕所。该园儿童家长向县教育局反映，要求修复儿童厕所，县教育局将家长的反映通知幼儿园，要求尽快修复儿童厕所，但该幼儿园以种种理由迟迟不予执行。

该县教育局在处理过程中认为，兴办幼儿园，应具备良好的卫生条件和确保幼儿安全的必备设施。然而，经调查，该幼儿园将为小学生设计的、每个蹲位两个木制踏板间距为30厘米宽的公共厕所供幼儿使用，违反了国务院《幼儿园管理条例》第八条第二款关于"幼儿园的园舍和设施必须符合国家的卫生标准和安全标准"，以及国家教委《幼儿园工作规程》第三十条关于"幼儿园应设活动室、儿童厕所、盥洗室、办公用房和厨房"的规定，妨碍了幼儿的安全与健康。故应根据《幼儿园管理条例》第二十七条第（二）项关于对"园舍、设施不符合国家卫生标准、安全标准，妨害幼儿身体健康或者威胁幼儿生命安全的"，"由教育行政部门视情节轻重，给予限期整顿、停止招生、停止办园的行政处罚”的规定处理。

【案例三】 幼儿园园舍管理执法案例。某县机械厂在扩建住宅时，侵入邻近的乡幼儿园园舍场地南北走向1.5米，并填平了其中的沙地。县教育局在处理过程中认为，机械厂非法侵占乡幼儿园园舍、损坏幼儿活动场地的行为属实，该行为违反了《教育法》精神和国务院《幼儿园管理条例》第二十五条关于“任何单位和个人，不得侵占和破坏幼儿园园舍和设施，不得在幼儿园周围设置有危险、有污染或影响幼儿园采光的建筑和设施，不得干扰幼儿园正常的工作秩序”的规定，故应根据《教育法》第二十七条第二款和该条例第二十八条第(四)项关于对“侵占、破坏幼儿园园舍、设备的”，“由教育行政部门对直接责任人员给予警告、罚款的行政处罚，或者由教育行政部门建议有关部门对责任人员给予行政处分”的规定处理。

【案例四】 幼儿园保育管理执法案例。某市某区第三幼儿园为参加一项比赛，组织该园中班、大班幼儿练团体操。每天在是室外排练3个小时，排练期间不许幼儿小便，致使个别幼儿体力不适，直至晕倒。

区教育局在处理中认为，幼儿园的保育和教育工作应当遵循幼儿身心发展规律，促进幼儿在体、智、德、美诸方面和谐发展。然而，该幼儿园组织幼儿排练团体操，打乱了幼儿一日生活常规，违反了国务院《幼儿园管理条例》第十六条关于“幼儿园应当以游戏为基本活动形式。幼儿园可以根据本园的实际，安排和选择教育内容与方法，但不得进行违背幼儿教育规律，有损于幼儿身心健康的活动”以及国家教育委员会《幼儿园工作规程》第十七条“不得限制幼儿大、小便的次数、时间”，第二十一条“幼儿园一日活动的组织应动静交替，注意幼儿的实践活动”的规定，故应根据《幼儿园管理条例》第二十七条关于对“教育内容和方法违背幼儿教育规律，损害幼儿身心健康的”，“由教育行政部门视情节轻重，给予限期整顿、停止招生、停止办园的行政处罚”的规定处理。

【案例五】 幼儿园教师管理执法案例。吉林省某县(个体)幼儿园教师刘某因教育方法不当，对本园幼儿李某长期责骂、恐吓，造成李某夜间惊恐啼哭。

县教育局在处理过程中认为，刘某变相体罚幼儿的行为属实，该行为违反了《教师法》及国务院《幼儿园管理条例》第十七条关于“严禁体罚和变相体罚幼儿”的规定，故应依据《教师法》第三十七条和《幼儿园管理条例》第二十八条第(一)项关于“体罚或变相体罚幼儿的”，“由教育行政部门对直接责任人员给予警告、罚款的行政处分”的规定处理。在处罚时，应根据该幼儿园所在行政区域的教育规章《吉林省个体幼儿园管理暂行办法》第二十六条第(一)项关于“违反本规定有关条款”而造成后果的，“由教育行政部门会同工商、公安、卫生等有关部门分别给予行政处罚”，第二十七条关于“处罚可分以下六种(也可几种并罚)：(一)警告并限期改进；(二)罚款 50 元至 500 元；(三)赔偿经济损失(含医药费、误工工资及其他费用)；(四)责令停业整顿；(五)吊销《备案证》、《卫生许可证》和《营业执照》”的规定处理。

二、幼儿教师的法律责任

根据过错责任原则，教师要在事故发生时免除自己的责任，就必须尽自己的义务，这些义务主要体现为以下几个方面：

1. 教师要按照教学常规来进行教学

教师要严格按照《幼儿园工作规程》和幼儿园的规章制度对

幼儿进行教育，不能以超出幼儿接受能力的方式进行教学。在正常的教学活动时间里，特别不能出现擅自调课，不请假而离岗，请人代岗的现象。出现事故，及时采取有效措施进行补救。教师如在带班期间离岗、未能了解事故发生的情况、出现事故没有采取有效措施进行补救、不及时汇报、不按照教学常规来教学，都可能产生不利的法律后果。

2. 外出活动注意义务

《未成年人保护法》第十二条规定，幼儿园组织幼儿集会、文化娱乐、社会实践等集体活动，要防止发生人身安全事故。按民法原理而言，这也是由于当事人的先行行为所产生的义务。组织外出活动的时候，一定要在保证安全的前提下进行。组织者要配备足够的教师，出发、集合、分散活动都事先要有计划，确定好详细的活动方案，确定具体的责任人。

3. 了解幼儿健康状况

调查幼儿的身体状况，建立幼儿健康检查制度和幼儿健康档案，以防事故的发生。教师要根据幼儿的身体状况安排具体的教育教学活动，对体质特殊或有疾病的幼儿给予适当的照顾。

4. 定期检查教育活动场所、安全设施，提供安全卫生的学习环境

《教育法》第二十六条、第七十三条，《未成年人保护法》第十六条、第五十二条明确规定，学校建筑物和其他设施要符合标准，保证幼儿在校内的人身安全，如果明知校舍或其他设施有危险而不采取措施，造成人员重大伤亡的，将依法追究直接责任人员的刑事责任。《教育法》第四十四条、《未成年人保护法》第三十二条都要求学校给幼儿提供安全的体育活动设施和卫生的校园环境。幼儿园要保证幼儿的饮水、饮食卫生，防止食物中毒，预防各种疾病在校内传播、流行。教师发现学校的教学设施存在安全隐患时，要及时汇报，让幼儿远离危险设施，避免幼儿在危险的条件下活动。

5. 不得体罚和变相体罚幼儿

对于教师因故意行为造成幼儿伤害的，法律也有相应的责任规定。《未成年人保护法》明确规定："学校、幼儿园、托儿所的教职员对未成年幼儿和儿童实施体罚或者变相体罚，情节严重的，由其所在单位或者上级行政机关给予行政处分。"《中华人民共和国义务教育法实施细则》第四十二条进一步指出："对体罚幼儿情节严重，违反《中华人民共和国治安管理处罚条例》的，由公安机关给予行政处罚，构成犯罪的，依法追究刑事责任。"

6. 事故发生后照顾及通知的义务

幼儿不具有充分的判断能力。为了防止幼儿在发生事故后，因为疏于照料受到损害，发生扩大或恶化的情形，教师应该在发生事故后，对幼儿进行必要的照顾保护并即刻通知幼儿家长或监护人。教师要主动与家长联系，认真听取意见和建议，取得支持和配合，既是教师职业道德规范的要求，也是教育法律的规定。在幼儿园管理中，幼儿园应及时将幼儿走失、被他人接走、幼儿生病及受伤等情况及时通知其家长，疏于通知所引发的事故由谁承担？从过错责任来看，二者间显然是存在因果关系的，幼儿园要承担相应的责任。

三、幼儿园处理幼儿伤害事故的法律依据

教师是实施教育活动的主体，也是教育工作的专业人员，由于教育工作的专业性，教师在教育活动中负有防止幼儿的身体或生命因教育活动而遭受侵害的义务。教师因过失行为而导致伤害事故发生的，要承担相应的责任。法律中将这种过失原因归类为过错责任，幼儿园在幼儿伤害事件中是否有违法、违规、违纪等行为，即幼儿园在事故中是否犯有过错或失误是幼儿园承担责任的前提。如果幼儿园的过错直接或间接地导致幼儿伤害事故的发生，那么幼儿园要负相应责任。反之，幼儿园可不负责任。过

错的大小是幼儿园承担责任大小的依据。

《最高人民法院关于贯彻执行〈民法通则〉若干问题的意见（试行）》第一百六十条具体解释了儿童损伤事件的责任问题："在幼儿园、学校生活、学习的无民事行为能力人……受到伤害或者给他人造成损害，单位有过错的，可以责令这些单位适当给予赔偿。"根据法律，处理责任事故的前提是分清幼儿园在事故中的过错，并根据过错大小承担相应的责任。根据法律，幼儿园对幼儿负有三项责任：教育责任、管理责任、保护责任。教育虽然是幼儿园的主要职能。管理是服务于教育的职能，是幼儿园为达到教育目的而采取的方式和手段。保护是幼儿园行使教育和管理职能的前提条件。幼儿园只有保护幼儿安全，才能实现其教育目的。教育虽然是学校的主要职能，但就责任的性质来说，教育责任说到底不是一种法律责任，而是幼儿园的职责和功能，管理失范和保护不周才是承担法律责任的依据。幼儿园只有保护幼儿安全，才能实现其教育目的。《未成年人保护法》第三章"学校保护"具体讲述了学校对幼儿的保护责任。学校保护最终是要通过学校的内部管理行为来实现的，在教育教学活动过程中教师应忠于职守，履行自己的职责，尽量避免事故的发生。

由此可见，幼儿园发生的幼儿人身伤害事件，其赔偿责任是根据幼儿园的过错来确定的。幼儿园如果按照国家的法律规定以及幼儿园的规章制度尽了职责，可以减轻或避免承担责任。

四、幼儿园常见事故类型

近几年以来，幼儿园里幼儿伤害事故日益成为人们关注的焦点，一方面是由于人们的法制意识提高了，另一方面是由于关于学校方面的立法也在不断发展和完善。教师不能凭借以前的经验从事教学工作了，高度的责任感和敬业精神既是教师职业道德的要求，又是现行教育法律的规定。

1. 幼儿在活动中受伤

这种情况一般都是意外事故引起的，即便教师在现场，幼儿的伤害也是不可避免的。幼儿在活动中很难对自己的行为进行有效控制，幼儿活动时不小心绊倒，相互之间的碰撞以及其他伤害都是不可避免的。但教师如没有尽自己的岗位职责，就很难证明自己是没有过错的。

【案例】 据《扬子晚报》2000 年 5 月 13 日报道的儿童朱某状告南京某幼儿园及其开办单位赔偿纠纷一案就说明了这一点。1997 年 4 月 28 日，不满 5 岁的朱某在幼儿园摔了一跤，老师随即带他到医院检查，发现朱某右肱骨髁骨骨折。后虽经多家医院治疗，朱某的右膀关节失去功能。法院在审理中认定，朱某在幼儿园摔伤致残，是幼儿园看护不力所致，幼儿园负有过错责任，对原告损伤所造成的损失应该承担民事责任。判决幼儿园赔偿朱某人身损害经济损失 5.5906 万元，精神补偿费 2 万元。

2. 因教学设施原因引起

如滑梯、攀登架、小城堡、海洋球、蹦蹦床、秋千、压压板等大型玩具年久失修，存在着安全隐患，一旦发生事故，幼儿园必须承担相应责任。幼儿园如未及时更换已经陈旧老化的器械，形成事故隐患，而教师又未尽注意义务，就很容易发生事故。此外，幼儿园校舍中楼房占大多数，教室、楼道、走廊内等，也是幼儿园容易出事故的地方。

【案例】 据《江淮晨报》2000 年 4 月 25 日报道，合肥市××小学刘某某坠楼身亡，校方赔偿丧葬费和死亡赔偿金等共 9 万元。新浪网站 2000 年 8 月 11 日披露，义乌某幼儿园因滑梯未固定牢，导致少年何某在攀玩时，被翻倒的滑梯击倒身亡。

3. 儿童走失或离园路上发生的事故

儿童走失属幼儿园严重事故。儿童走失是幼儿园管理的失误，是幼儿园未尽看管之职。儿童在幼儿园期间(指幼儿从踏入幼儿园门到离开幼儿园这段时间)，教师应该像家长一样看管幼儿。幼儿离园必须经教师同意，或者幼儿家长的许可。

【案例】 某农村幼儿园，考虑到农村家长整日在地里忙活，没有接送孩子的习惯，孩子入园、离园的路上不安全，便实行了教师代为接送孩子的制度。有一位吴姓家长认为幼儿园想以此收取费用，而且自家离幼儿园很近，只隔一条小路，不会有什么危险，让孩子自己回家就行了。幼儿园教师警示家长，孩子年龄小，不知道什么是危险，万一在路上出了事，事就大了。吴某对幼儿园教师的话不以为然，未加理会。谁料想，一天吴某的孩子在离园后回家的路上，因和另一幼儿打闹，眼睛被戳成重伤。吴某捶胸顿足，恨自己疏忽大意，没听老师的劝告。给孩子看眼睛需要大笔费用，但吴某和肇事孩子的家长都是农民，收入微薄，凑不出足够的钱来。两家人一边犯愁一边合计，便想到幼儿园，于是吴某把幼儿园告上了法庭。

在法庭上，吴某指责幼儿园没有履行接送孩子的约定，并否认幼儿园曾对他有所警示，幼儿园虽据理力争，但因为拿不出证据，最终败诉，不得不承担孩子的医疗费用。

这个案例中，如果幼儿园和吴某签了字据，幼儿园就无需承担责任。而这位吴姓家长，因为自己的粗心大意，害了孩子，也伤害了别人。

4. 由于体罚和变相体罚幼儿所致

体罚是指教师的行为造成幼儿人体损害的一种行为。广义的体罚还包括变相体罚，如罚蹲、罚站、罚跪等。研究证实，受到严重惩罚的幼儿常常情绪不稳定，缺乏自尊心。

【案例】 据《生活日报》2000 年 5 月 22 日报道，郑州市某幼儿园想出了一个奇招对付顽童——用针扎。即老师拿注射器，吸上水后作注射状吓唬小孩。对一些在排练演出节目时动作总也做不好的孩子，“执法严明”的老师便在孩子的手背上扎针，有的孩子还挨了两针。本案属于老师故意伤害幼儿行为，老师应承担所有的行为后果。

5. 幼儿自身原因所致

由于幼儿身体状况而产生的，如幼儿患某种疾病、体质弱、身体残疾等。

【案例】 某幼儿园幼儿，患有先天性癫痫病，但该幼儿入托时，家长并没有把这一情况告诉幼儿园。一天早上其母将孩子送入幼儿园，告诉老师孩子昨晚发烧。老师劝其带孩子去医院看看，但其母说孩子烧已退。早饭后，户外活动时，老师让此幼儿安静坐着，幼儿坐了一会忽然倒地，老师及时按其人中，并将其送往医院，并电话告知幼儿母亲。在送幼儿去医院路上幼儿已醒，也能说话了。后幼儿母亲未按医生吩咐让孩子住院治疗。第二天，幼儿在家中癫痫死亡。事后，幼儿家长要幼儿园承担全部责任。在整个事件过程中，家长从未将幼儿的疾病告诉幼儿园，也未按医生要求让幼儿住院治疗。

6. 外来人员侵入

由于幼儿园的门卫管理不严，外来人员容易趁人不备，溜进幼儿园，造成幼儿受伤害。

【案例】 《羊城晚报》1999 年 1 月 16 日的报道：1999 年 1 月 7 日上午 9 时许，汕头市某幼儿园的孩子们正在园内活动，一名三十来岁的陌生男子突然闯入，二话不说，便挥拳向园内员工打去，大人们还没明白怎么回事，男子又抓起一名幼儿，举过头顶朝地面摔去……3岁儿童李某被拦腰举起，头朝下重重摔到水磨石地面上。约十分钟后，她被送到医院抢救，当时确定后脑颅凹入、破碎，生命垂危。惨剧发生在短短十分钟之内，李嘉琳的父母哀痛不已，他们怎么也没想到，早上出门时还闹着吃豆的小女儿，转眼间竟遭此横祸。肇事者后经医院诊断证实患有双向性情感精神障碍。

惨剧发生后，在社会上引起很大反响，幼儿家长则要求追究幼儿园责任。

7. 幼儿被他人接走

由于幼儿园管理有漏洞，造成幼儿被他人接走。幼儿被他人接走，可能是处于某种目的，会致幼儿于不利境地。如遇幼儿被拐卖、敲诈勒索以及其他不利影响。教师对来接幼儿的人要多留个心眼，绝不能让坏人以可乘之机。

8. 幼儿园组织校外活动引发事故

幼儿园外出活动，如果组织不够严密，教师麻痹大意，将很容易产生偶发事件。

【本章小结】

本章介绍了《幼儿园工作规程》的颁布背景、立法意义、幼儿教育的基本原则、幼儿园工作的基本制度、各方法律关系主体的权利和义务，并结合《教育法》、《教师法》、《未成年人保护法》、《幼儿园管理条例》、《刑法》、《民法》等法律法规的相关内容介绍各方主体在幼儿教育工作中的违法行为及其法律责任。此外，通过列举和举例方式强调了幼儿教师的法律义务、幼儿园事故的常见类型，对幼儿教育工作有很大的实践指导意义。

【复习思考题】

1. 简述《幼儿园工作规程》的主要内容及幼儿园工作的基本原则。

2. 结合幼儿园教师的权利和义务，谈一谈如何做一名合格的幼儿教师？

3. 谈谈学习“幼儿教育中的法律责任”的体会。

4. 对幼儿园常见事故中的法律问题，你是如何看的？谈谈你的看法。

第八章　学校教育活动中常见的违法行为

学校教育是一个复杂的动态运行的系统活动，这个系统的健康、高效的运行有赖于政府、学校、师生、家长、社会各方面都能依法办事、依法行为。本章对学校教育活动中常见的违法行为做简单的梳理，以便读者加深对前面各章节内容的认识，同时以之为鉴。

第一节　违反《教育法》的行为

依据违反《教育法》行为的主体，可以大致把违反《教育法》的行为分为五类：教育行政部门及其工作人员的违法行为、学校违法行为、教师违法行为、学生违法行为、社会违法行为。

一、教育行政部门及其工作人员违反《教育法》的行为

教育行政部门违反《教育法》的行为，其构成条件有三个：行为主体是教育行政部门及其工作人员；教育行政部门及其工作人员的违法行为必须是违反教育法律法规的行为；教育行政部门及其工作人员的违法行为在主观上有过错。包括两种类型：

1. 教育行政部门违法

所谓教育行政部门，是指享有国家教育行政权力，能以自己

的名义从事教育行政管理活动，并能独立地承担由此所产生的法律责任的组织，主要指国家教育部及各级教委。其违法情况大致有：违反国家政策法规，私下制定不合理的规章制度，侵犯受教育者及教师的合法权益；违反《教师法》，拖欠、克扣教师工资及对教师待遇不公；个别教育行政单位为谋取经济利益，以行政手段对下级单位进行乱收费、乱摊派及违章推销各种用品等行政违法活动。

【案例】 《中华人民共和国义务教育法》明文规定：凡年满6周岁的儿童应当入学接受规定年限的义务教育。但济南市历下区教委却私自划定入学年龄为六岁零十个月，对不够规定年龄而要求入学的儿童收取6000元的入学费，致使一些适龄儿童延期入学，由此引发了一场六龄童刘某某状告区教委的行政诉讼官司。

2. 教育行政部门的工作人员违法

教育行政部门工作人员的违法行为也很常见，大概有：不履行职责义务或擅离职守等玩忽职守行为；在履行职责时，滥用职权，采取不当甚至是违法的方式、手段；以权谋私，挪用公款，贪污受贿等。

【案例】 在2006年6月7日举行的高考中，陕西省洋县中学考点十七号考场发现一名高二学生替考，之后在两个考点又发现3名替考学生。随着当日替考情况的通报，在7日下午及8日的考试中，洋县两个高考考点先后有约40名考生退出了考试，一场大规模的高考替考事件由此浮出水面。对于这次事件的发生，当地教育行政部门的领导及其他工作人员难辞其咎，一共有17人分别受到党纪、政纪处分。

二、学校违反《教育法》的行为

学校是学制系统内专门实施教育教学活动的机构，属国家事业单位，具有独立的法人资格。目前，在学校管理工作中也存在很多的违法行为，主要包括以下几种：

1. 违反教育政策、法规，利用学生进行不当甚至是违法的营利行为，从而影响了学校的正常教学秩序，甚至造成事故

【案例】 新华网2012年5月7日报道：5月6日上午，在山东临沂×××学校运动会的开幕式上，准备放飞的氢气球发生爆炸，造成现场师生至少六人受伤住院治疗。

2. 违反国家规定，擅自出租、挪用学校的场地、房屋和设备

目前，有很多学校为搞创收，将学校场地、房屋和设备出租、出让或挪作他用。这既影响了学校的正常教学秩序，也引发了一系列问题。

【案例】 南京市某小学校长凌某代表学校与浙江温州市某汽车运输公司签订了出租学校半间房屋和一块场地的合同。一天下午，该校学生丽丽和晶晶到校门口嬉闹，不料丽丽被公司一辆快速倒车的大客车撞倒，经抢救无效死亡。

3. 学校疏于管理，没有尽到管理职责义务而造成学生伤亡

我国的《教育法》、《未成年人保护法》中均有规定，学校应关心爱护学生。但因学校管理疏忽或不当，致使学生人身伤亡的事故时有发生，由此引发的诉讼案件也经常见诸报端。

【案例】 某日郑州市邙山区某中心小学二年级女生小欢在校内喝药自杀，虽然校领导和老师得知消息后都来看了现场，但却没有及时将小欢送到医院抢救，只是派了2名七八岁的小学生去找其家长，以致延误时机，小欢终因抢救无效死亡。学校因没有尽到职责而被告上法庭。

4. 由于教育设施管理不善，造成学生伤亡

《未成年人保护法》第十六条规定："学校不得使未成年学生在危及人身安全、健康的校舍和其他教育教学设施中活动。"。

【案例】 陈某是某小学六年级的学生。一天下午放学后，轮到值日的陈某正在打扫卫生。突然间，正旋转的吊扇掉了下来，由于惯性的作用，还在旋转的吊扇击中陈某的头部。陈某入院，经医院检查，患上轻度脑震荡。

5. 违反国家有关规定，巧立名目乱收费

乱收费现象是教育领域内一种严重的不正之风。国家三令五申，严禁巧立名目乱收费，但这种现象仍屡禁不止。常见现象有：违规收取与入学挂钩的费用、违规补课并收费、违规组织农村学校学生订购校服并代收费、违规征订教辅材料、巧立名目乱收费、违规办班并收费。

【案例】 据《江西日报》2013 年 3 月 29 日报道：江西省政府纠风办、省教育厅对都昌县第二中学等 26 所学校和单位教育乱收费典型案件查处情况进行通报。经查实，26 所学校和单位违规收费 655.87 万元，50 人受到党纪政纪处分及其他处理，其中撤职 3 人、记大过 2 人、记过并免职 1 人、记过 3 人、免职 1 人、警告 13 人、诫勉谈话 19 人，其他处理 8 人。

6. 违反国家有关规定，私自加重学生的勤工俭学负担，侵害受教育者的合法权益，甚至造成事故。

【案例】 辽宁省庄河市一名 12 岁的小学生，为了完成学校规定的任务而上山采集菠菜花，以致被毒蛇咬成重伤，从而引发一场状告校方人身损害赔偿案。

7. 教育管理方式、手段违法

由于法制观念淡薄，很多学校存在使用不合法的方式、手段教育管理学生的行为，概括起来主要有：违反国家规定，对学生进行罚款；违反《未成年人保护法》、《义务教育法》等法律规定，歧视学生，甚至对学生人格进行侮辱；随意公布学生考试成绩，侵犯学生隐私权。考试成绩属学生的个人隐私，学生完全有权决定是否公开及对谁公开，学校及家长应尊重学生的隐私权。1994 年 11 月 10 日，国家教委在《关于全面贯彻教育方针　减轻中小学生过重作业负担的意见》中明确规定："学校、教师不得按学生考分高低排列名次，张榜公布。"

【案例】 江西余江县的一所中学为了加强学校对学生的管理，居然要求初三年级各班"民主选举"最不守纪律的差生。此举引起了教育专家和家长的反对。

三、教师违反《教育法》的行为

长期以来，部分教师的法律意识淡薄，特别是我国有关教师管理的一些政策、制度不够具体、明确，教师队伍管理随意性很大，致使出现了一系列教师违法行为，对整个教师队伍管理产生了负面影响。归纳起来，目前我国教师违反《教育法》行为主要表现在以下几个方面：

1. 教师超标准教学，对学生的身心造成伤害

我国《义务教育法实施细则》第二十二条规定："实施义务教育学校的教育教学工作，应当适应全体学生身心发展的需要。"为此，国家专门制定和颁发了教学计划和教学标准，对各科教学做了明确规定。在具体教学中，个别教师对学生进行超标准教学，不但不能实现教学目的，反而容易出现教学意外事故，损害学生的身心健康。

【案例】 江苏省宝庄县某镇中心小学四年级三班学生在学校上体育课时，体育老师用板凳作为障碍跑的障碍物，并要求学生往返跑一次。当学生高某在障碍赛跑返程中跨越第六道用板凳设的障碍物时，左脚磕在板凳上，当即摔倒在地，受伤较重不能行走，由学生和老师抬到附近医院。经诊断，高某膝关节十字韧带断裂，胫骨平台散裂性骨折。

2. 教师擅离课堂、随意停课

《教师法》第八条规定，教师“应贯彻国家的教育方针，遵守规章制度，执行学校的教学计划，履行教师聘约，完成教育教学工作任务。”《义务教育法》第十六条规定：“任何组织或个人不得扰乱教学秩序。”然而个别教师不能忠于职守，不按照教学计划进行教学活动，随便停课，扰乱了正常的教学秩序。

【案例】 2004 年 9 月，7 岁的小明在红星小学读一年级，在一次上体育课时，体育教师孙某因为临时有事，便让同学们自己做游戏，他自己则外出办事。在做游戏过程中，小明与同学小芳发生争执，小明将小芳的眼睛戳伤。经治疗，小芳花费医疗费 1.6 万余元。事后，小芳将小明和红星小学告上法庭。

3. 教师偷取、泄露考题

【案例】 河北省某小学三年级教师梁某，会驾驶，经常晚上加班开车赚“外快”，有时白天不能上课。由于梁老师的不负责任，学生的成绩急剧下降。在期末考试前，梁老师为了让学生考个好成绩，竟偷来考题，做出答案并让学生抄下来牢记。

4. 教师违法对学生进行负面宣传

《教师法》、《中小学教师职业道德规范》在思想方面对教师均提出了具体要求。教师应坚持正面教育，以身作则，起到表率作用。

【案例】《河南法制报》2012 年 6 月 20 日报道：光山县某中学女教师赵某听说高考考生发生交通事故，致使多人死伤。之后不加辨别的她在微博中编发出来，造成了社会恐慌。后经公安机关侦办，依法给予其治安罚款 500 元，责令出具悔过书 3 份，在网络上张贴以正视听。

5. 教师对学生乱收费、乱罚款

一些教师为了达到规范学生行为的目的，采取不正确的教育手段，如对学生迟到、早退、不按时完成作业、考试不及格、打架、骂人等违反校纪校规的行为，采取罚款、收押金的方式。

【案例】 2012 年 12 月 8 日，有学生在“红网”上发帖称：华容一中老师规定学生迟到、上课讲话、作业没写等情况，就要交 10 元至 20 元不等的罚款。该学生自己最多一次罚过 100 元，共计已经罚了 200 多元。

6. 教师对学生实施体罚和变相体罚

我国《义务教育法》和《未成年人保护法》都明确规定：学校和教师不得对学生实施体罚、变相体罚或其他侮辱人格尊严的行为。

【案例】 新华社西安 2012 年 12 月 27 日专电：西安秦川某小学一名四年级学生，音乐课上被老师连扇多个耳光，致左耳耳鸣、鼻孔流血，并在教室外罚站。事后，有关部门对涉事教师给予行政记过处分并调离教师岗位，秦川某小学校长被免职。

7. 教师随意剥夺学生的受教育权

我国《义务教育法》第四条明确规定：“国家、社会、学校和家长依法保障适龄儿童、少年接受义务教育的权利。”这里所指的受教育权主要包括学生有权参加学校为实现教育方针而依法组织的各种教育教学活动，其中包括有权按照课程表听教师的课。如果无正当理由不让学生到课堂听课，或随意将学习有困难、违反纪律的学生停学、开除，就是剥夺学生受教育权，是一种违反教育法律的侵权行为。

【案例】 南方某市一所小学五年级学生孙某，平时不遵守学校的规章制度，上课经常迟到。一天上午上学时，因一路上东看西瞧，等他赶到学校时，第一节课已经快结束了。由于老师正在上课，他没敢进教室而是在操场上溜逛，恰好被教导处主任赵某遇见。赵主任对孙某上课迟到一事进行了严厉批评，并罚孙某把办公室前面的院子打扫干净，并规定孙某什么时候打扫完，什么时候才准许去上课。结果孙某打扫了一个上午。

8. 教师泄露学生隐私

《未成年人保护法》中规定：教师不得拆看未成年学生的信件，不得披露未成年学生的个人隐私。在学校的具体教育教学活动中，有些教师出于好意私藏、私拆学生信件，或者在课堂上揭露学生的个人隐私，结果往往适得其反。教师把学生成绩按分数由高到低排名次并随意当众公布这一现象，应当被视为教师侵犯学生的隐私权。

9. 教师侮辱学生的人格尊严

【案例】 某中学曾有过偷盗行为的初二学生张某某天值日，恰好这天班里有 2 个日光灯被盗，其班主任王某便认定是张某所为。张某很委屈，死不承认。几天后，整个学校都在盛传此事。最后张某承受不了这样的压力自杀身亡。王老师的行为已构成犯罪，王老师因此被判有期徒刑 1 年，缓刑1年执行。

四、学生违反《教育法》的行为

学生违法行为概括起来有以下几类：

1. 违反校纪校规

校纪校规是学校依据国家的法律法规制定的对学校学生的管理制度，也就是国家法律法规的具体化，学生有义务遵守。从广义上说，不遵守校纪校规就是违反《教育法》的行为。如违反学校的教学纪律，迟到、早退、旷课、上课不认真听讲、扰乱课堂秩序、不完成规定的学习任务、考试作弊等；违反学校的管理规章，不爱护公物，乱涂乱画、吸烟、喝酒、赌博、打架斗殴等。

2. 校园暴力

所谓“校园暴力”，也称“校内暴力”，主要表现在三个方面：对教师的暴力事件；学生之间的暴力事件；毁坏学校设施设备事件。

近年来，我国中小学校园中的暴力事件时有发生，成为学生违法的一种突出表现形式，引起人们的关注。据北方某大城市进行的一项专题调查，中小学在校学生中50%以上有过被校内同学或外校学生敲诈、勒索、抢劫、欺侮及其他滋扰的经历。调查称：愈演愈烈的“校园暴力事件”到了必须加以解决的时候了。

3. 赌博、上网、玩电子游戏成瘾

2009年《小学生互联网使用行为调研报告》显示：约八成小学生9岁前开始接触互联网，更有部分小学生在学龄前甚至1岁就已经接触网络。网络游戏是最受小学生网民欢迎的活动，上网学生当中玩过游戏的比例超过九成，游戏成为小学生“网络成瘾”的主因。上网小学生中，有7.1%是“网瘾用户”。

五、社会违反《教育法》的行为

学校教育中常见的违法现象，不仅包括学校自身及教育系统

内部的违法行为，也包括社会上的公民、法人侵害学校、教师及学生权利的违法行为。

（一）公民违法行为

1. 侵犯师生的人身权利

人身权利包括生命权、身体健康权、姓名权、肖像权、名誉权、荣誉权等。社会上的流氓地痞常会流窜到学校骚扰滋事，如殴打教师、学生，诬告教师等，也有一些家长或学生亲属不明事理，一旦出事就冲闹学校，侮辱、殴打教师，或散布流言，大造舆论，扩大事端，牟取非法或不当利益。

【案例】 《南方都市报》2005 年 4 月 1 日报道：2005 年 3 月 4 日上午，广东韶关市武江区某中学的老师林某在走路时，突然听到学生黄某叫他“四眼仔”，林某于是上前拦下黄某，并当着同学的面打了黄某一耳光。当天下午，学生家长邀亲属冲进学校将老师暴打一顿，逼其在数百名学生面前下跪长达近 20 分钟，在索得老师 5000 元经济赔偿后方离开。

2. 侵犯未成年子女的受教育权

我国《义务教育法》第十条第一款规定：“父母或者其他监护人必须使适龄的子女或者被监护人按时入学，接受规定年限的义务教育。”《未成年人保护法》第九条规定：“父母或者其他监护人应当尊重未成年人接受教育的权利，必须使适龄未成年人按照规定接受义务教育，不得使在校接受义务教育的未成年人辍学。”。

【案例】 《广州日报》2011 年 12 月 6 日报道：2010 年 12 月，辞去“老总”职位的徐雪金创立了“在家上学联盟”，并迅速吸引了多地家庭的会聚。目前注册的会员数达 3800 多人，网站日均点击量超过 20 万。“在家上学”呼声的高涨，使这一族群进入公众视线。

3. 破坏学校财产，扰乱学校教育教学秩序

《教育法》第七十二条规定：“结伙斗殴，寻衅滋事，扰乱学校及其他教育机构教育教学秩序或者破坏校舍、场地及其他财产，由公安机关给予治安管理处罚；构成犯罪的，依法追究刑事责任。”《中小学校园环境管理的暂行规定》第十条规定：“不允许任何单位和个人在学校中进行宗教活动，不允许在学校向学生宣传宗教。”第十七条规定：“严禁在校园内建造、恢复祠堂、庙宇、坟茔等。”

4. 非法办学，获取暴利

《教育法》第二十五条规定：“国家鼓励企业事业组织、社会团体、其他社会组织及公民个人依法举办学校及其他教育机构。”这一规定首先肯定了公民有举办学校的权利，其次也明确举办学校必须遵守法律规定。《教育法》同时规定了举办学校必须具备的条件。但社会上确实存在一些人打着办学旗号，收取高额学费，违反依法办学的规定程序，非法举办学校以牟取暴利，在社会上造成极坏影响，给学生和家长造成极大损失。

【案例】《楚天金报》2004 年 12 月 28 日报道：原武汉市某外国语学校倒闭后，曾在该校就读的 138 名学生将主管部门武汉市教育局(原武汉市教委)和江岸区教育局(原江岸区教委)告上法庭，并索赔 1203.7 万元。这是我国教育界涉案人数最多、索赔金额最大的“集团诉讼”案件。1995 年 6 月，原武汉市教委批准该校招生，1998 年 6 月，给该校核发社会力量办学许可证。2000 年 11 月，该校因资金周转不灵停课。

此后，138 名学生提起行政诉讼，要求法院判令武汉市及江岸区教育局批准设立该校违法，且不履行监管职责，同时要求两被告及曾兴办该校的武汉市某发展公司等第三人，共同对该校不能退还的 1203.7 万元承担连带赔偿责任。翌年 10 月，一审法院驳回原告诉请，原告方提出上诉。

5. 窃取升学考卷，泄露国家机密

【案例】《重庆晚报》2009年9月2日报道：今年中考时，巫溪县某中学一些考生笑容满面地走进考场，一点压力都没有，这不禁让其他绷着神经的同学感到疑惑。后来才知道，这些自信满满的考生怀揣着老师给的试卷答案。8月31日，巫溪县法院对这起备受社会关注，重庆首例中考试卷泄题案一审宣判，法院最终认定4名犯罪嫌疑人（该中学教导处副主任周某、教导处主任张某、教导处副主任范某、校长向某）故意泄露国家秘密罪的罪名成立。

6. 引诱、唆使学生吸毒

吸毒对人的身心造成的伤害是无法弥补的，它能使天使变成恶魔，使一个有血有肉的健康人变成一堆行尸走肉。随着社会上贩卖、吸食毒品活动的日渐猖獗，一些毒爪正悄悄地伸向校园，伸向年幼无知的学生们。

（二）法人的违法行为

法人违法行为通常表现为一些企业、机关、团体侵犯未成年人、教师、学校的合法权益。

1. 非法招收童工

接受一定程度的教育是每个公民应当享受的权利，任何个人和团体不得干涉、妨碍。国家《义务教育法》和《未成年人保护法》等法律法规，严禁任何团体、单位招收童工，以确保每名儿童的受教育权。

【案例】 浙江省平阳县萧江镇是全国著名的编织袋生产基地。该县劳动监察部门的一次突击检查发现，一家编织袋半成品加工厂，在一间仅30平方米的房子里，十几位“小工人”正吃力地踩着缝纫机。该厂大约有40人，平均年龄仅14

岁多一点，最小的仅12岁。

2. 非法招生、诈骗招生

近些年来部分学校为了维持自身生存，未经生源所在地的教育主管部门批准，擅自计划外招生。有的还带有诈骗色彩。他们通过扩大招生，争抢生源，从而达到收取高额学杂费的目的，严重干扰了教育活动的正常进行，给人才培养造成极大损失。

3. 非法侵占教育用地

《教育法》第七十二条规定："侵占学校及其他教育机构的校舍、场地及其他财产的，依法承担民事责任。"《中小学校园环境管理的暂行规定》第十五条规定："不允许任何单位和个人依傍学校围墙或房墙构筑建筑物。不允许校园周围的建筑影响学校教室采光、通风。"一些单位为了获取利益，置学校的合法权益于不顾，不惜破坏学校的教学设施、侵占学校的教学用地。

4. 引诱、组织学生从事色情服务

一些不法人员打着商务咨询、家政服务、导游、公关的招牌引诱、组织学生从事色情服务，不仅危害学生的身心健康而且影响社会风气，带来严重的社会问题。

5. 施工单位违章施工，造成重大伤亡事故

校园施工是教学过程中常见的一道风景线。然而，随着校园规模的扩大以及校园环境的美化，由校园施工造成的学生伤亡事故也屡屡发生。有的是因为施工单位管理不善而造成的意外伤亡。但绝大多数伤亡事故却是建筑单位采用劣质产品、偷工减料、粗制滥造、设计不当而造成的。

6. 不良社会环境危害学生心理健康，诱使学生走上犯罪道路

客观地说，今天的社会给孩子提供了良好的生活与学习环境。但我们的社会并非完美无缺，仍然存在着一些违法犯罪现象和诸多不和谐音符，影响孩子们的健康成长。其中不健康的文化、娱乐产品是危害青少年学生心理健康，使其走上犯罪道路的主要原因。

7. 违反公共设施管理规定，管理不善，造成学生伤亡

为杜绝不断发生的恶性校车安全事故，2012 年 3 月 28 日国务院颁布了《校车安全管理条例》，该条例明确了校车安全各方的职责。如第十一条规定“由校车服务提供者提供校车服务的，学校应当与校车服务提供者签订校车安全管理责任书，明确各自的安全管理责任，落实校车运行安全管理措施”。第三十一条规定“公安机关交通管理部门应当加强对校车行驶线路的道路交通秩序管理。遇交通拥堵的，交通警察应当指挥疏导运载学生的校车优先通行”。

第二节　校园常见的违反《治安管理处罚法》的行为

《中华人民共和国治安管理处罚法》(以下简称《治安管理处罚法》)主要针对违反治安管理，扰乱社会秩序、妨碍公共安全、侵犯公民人身权利、侵犯公私财产，尚不构成刑事处罚，应当给予治安管理处罚的行为。校园常见违反《治安管理处罚法》的行为表现有：

1. 扰乱学校秩序的行为

无论是学校外部还是内部人员，只要扰乱学校秩序，致使教学工作、校办产业的生产不能正常进行的，按照《治安管理处罚法》的规定，应予以处罚；若情节严重，致使教学、生产无法进行，造成严重损失的，则构成扰乱社会秩序罪。

2. 妨害学校(公共)安全的行为

学校在实验教学、生活、生产中运输、储存、使用爆炸、剧毒、易燃等危险物品过程中，不符合国家有关规定，即可构成违反治安管理行为。《治安管理处罚法》第二十二条第三款规定：“非法制造、贩卖、携带匕首、三棱刀、弹簧刀或者其他管制刀具的。”应予以处罚。

学校在组织运动会、展览、春游等较大规模的集会、活动时，应采取相应的安全措施，并事先向公安机关报告，按照公安机关的要求做好集会、活动的安全工作。否则，即构成妨害公共安全的行为，应予以处罚，而不以造成实际危害后果为必要条件。

校园违反消防管理的行为通常有：过失引起火灾，尚未造成严重损失的；损毁消防设施或者将消防器材、设备挪作他用，经公安机关通知不加改正的；有重大火灾隐患，经公安机关通知不加改正的等。

3. 侵犯他人人身权利的行为

(1)“殴打他人，造成轻微伤害的”行为。轻微伤害，是指仅仅造成肌肤、器官的轻微破损、青紫红肿。未造成任何伤害的轻微殴打，不予以处罚；如果殴打他人造成伤害，伤害的程度已超过轻微的界限，则构成伤害罪。

(2)“非法限制他人人身自由或者非法侵犯他人住宅的”行为。非法限制他人人身自由，是指不依照法律规定，随意侵犯他人人身自由的行为，包括非法跟踪、看管、搜查等行为。

【案例】 某初二(5)班发现三块窗帘被撕坏，班主任教师反复要求学生说出这事是谁干的，但没有结果。第二天下午课后，这位班主任老师命令全班学生一律留在教室，每人发给白纸一张书写“坦白”、“检举”材料，直到晚上八点钟，家长纷纷找到学校，学生才陆续回去。

(3)“公然侮辱他人或者捏造事实诽谤他人的”行为，这是在众人面前，或者是在可能为众多的人了解的情况下，故意损害他人名誉的行为。捏造事实诽谤他人，是指故意无中生有、凭空捏造事实，以损害他人人格和名誉的行为。

【案例】 在某中学的一次教职工代表大会上，教师王某正式提出该校主管总务工作的郭副校长在修理澡堂的工程中，收取回扣1000元。学校多方调查无此事，王某也拿不出任何证据，妄称是在路上听别人说的。与此同时，郭副校长气得心脏病复发。

(4)“写恐吓信或者用其他方法威胁他人安全或者干扰他人正常生活的”行为。“其他方法”，包括用语言、物品、动物等进行威胁、干扰。“安全”包括人身安全和财产安全。

(5)“隐匿、毁弃或者私自开拆他人邮件、电报的”行为。在学校，个别教师出于对学生的关心，如防止学生谈恋爱影响学习，私自开拆学生的信件。教师的主观想法是可以理解的，但其行为属于侵犯他人人身权利的。

4. 侵犯公私财物行为

在校园中的现象主要有学生“偷窃、骗取、抢夺少量公私财物”的行为，有“敲诈勒索公私财物”的行为，还有“故意损坏公私财物”的行为。对于侵犯公私财物的行为，依照《治安管理处罚法》，可以同时对其中一种行为使用两种处罚，可以在给予拘留或警告的同时并处罚款，情节严重的，追究刑事责任。

5. 其他妨害社会管理秩序的行为

通常有学生“违反规定，破坏草坪、花卉、树林”的行为；有“违反规定，在城镇使用音响器材，音量过大，影响周围居民的工作或者休息，不听制止”的行为；也有个别“故意污损国家保护的文物、名胜古迹，毁坏公共场所雕塑，尚不够刑事处分”的行为等。

第三节　校园常见的犯罪行为

犯罪是指严重危害社会，触犯《刑法》并应受刑罚处罚的行为。犯罪的本质特点有三点：第一，犯罪是危害社会的行为，即具有社会危害性；第二，犯罪是违反刑律的行为，即具有刑事违法性；第三，犯罪是应当受到刑罚处罚的行为，即具有应受刑罚处罚性。犯罪的这三个特征是统一的，三者必须同时具备，才构成犯罪。校园常见的犯罪行为有如下几类：

一、危害公共安全的犯罪行为

主要包括两种犯罪：一是失火罪，二是违反危险品管理规定的肇事罪。根据《刑法》第一百三十八条规定，犯有该罪的，对直接责任人员，处3年以下有期徒刑、拘役或者管制；后果特别严重的，处3年以上7年以下的有期徒刑。

【案例】 2009年10月，教师孙某在某幼儿园上课期间，使用一只一次性塑料注射器在未经消毒处理的情况下，反复多次对幼儿园的学龄前儿童白某、李某等六十余人的身体进行针刺，引起入托的学龄前儿童及家长的严重恐慌。2010年3月25日，孙某的行为构成以危险方法危害公共安全罪，被云南省红河哈尼族彝族自治州建水县法院判处有期徒刑3年。

二、侵犯公民人身权利的犯罪行为

1. 教师对学生进行人身伤害

常见的有：教师由于精神和心理问题对学生进行人身伤害；教师为泄私愤而伤害学生；为获钱财绑架学生等。

【案例】 2006年9月20日，湖南省永州市第十二中学初一女生章某某，被患有精神病的历史老师李某某当着全班同学的面，采用极其残忍的手段打得脑浆崩裂、血肉模糊，随后又被老师从四楼窗口抛下，当场死亡。

2. 学生实施的校园暴力犯罪行为

【案例】《长沙晚报》2005年9月14日报道:湘乡市一中高二年级数学老师周老师因在课堂上收缴了学生谭某的两本课外书,事后谭某向周老师索要在课堂上没收的书,周老师不给,没有想到的是周老师因此惨遭该生连刺17刀。

3. 校园性侵害行为

(1)教师性骚扰、性侵害学生。

【案例】 新华网2012年6月19日报道:甘肃陇西乡村教师刘某因涉嫌强奸、猥亵多名小学生被批捕。刘某先后多次强奸、猥亵小学生数量多达8名,其中5名女学生被强奸,3名女学生遭猥亵,年龄最小的仅10岁,最大的也只有13岁。处理此案过程中,事发地县教体局时任局长被免职、有关副局长被给予党内严重警告,刘某所在地的学区校长李某和所在小学校长被行政撤职和降级处分。

(2)受社会上淫秽书籍、音像制品的污染,加上多年来对青少年性教育重视不够,目前中小学生中性犯罪事件也时有发生。据北京市未成年犯管教所2009年统计,在押少年犯中暴力性犯罪占到65.8%。

三、侵犯财产的犯罪行为

侵犯财产的犯罪行为主要有盗窃、抢劫、诈骗、故意毁坏公私财物等。

1. 盗窃

盗窃罪是指以非法占有为目的,秘密窃取数额较大的公私财物的行为。盗窃是目前在校园中发生率最高的学生违法犯罪行为。受社会上拜金主义、享乐主义不良思潮的影响,高消费的刺激,一些在校学生也学会了摆排场、比阔气、高消费、穿名牌、请客送礼。一旦家庭满足不了他们的需要，他们就开始走上盗窃犯罪的道路。

来自中国青少年犯罪研究会的统计资料表明：近年来，青少年犯罪总数已经占到全国刑事犯罪总数的70%以上；侵财型犯罪占据突出地位，据统计，在押未成年犯中盗窃犯的占38.4%。

2. 抢劫

据统计，抢劫是发生率仅次于盗窃的一类学生违法犯罪行为。一些学生由于盗窃不成，求财心切，或受影视宣传的负面影响，寻求刺激，学习影视作品中的作案方法，进行公开抢劫，这也是当今较为严重的社会问题。

3. 诈骗

诈骗罪是指以非法占有为目的，用虚构事实或者隐瞒真相的方法，骗取数额较大的公私财物的行为。

【案例】 新华网海口2007年9月11日报道：海南省儋州市公安部门近年查获多起冒充“奥组委”的网络诈骗案。令人震惊的是，作案者中竟有大量年龄才十多岁的学生，公安机关已抓到“小网骗”一百余人。

4. 故意毁坏公私财物

故意毁坏公私财物是指故意毁灭或者损毁公私财物，情节严重的行为。所谓“故意”，如出于个人泄私愤报复、嫉妒、陷害他人或自命“英雄”、精神空虚而取乐等动机毁坏公私财物等。

四、妨碍社会管理秩序的犯罪行为

在校园常见的妨碍社会管理秩序的犯罪行为有：聚众斗殴、寻衅滋事、吸毒、非法获取国家秘密。

1. 聚众斗殴

聚众斗殴指聚集多人相互殴斗的行为。聚众斗殴双方常常成帮结伙打群架，可能徒手相搏，也可能使用刀、枪、棍、棒等器械，容易造成人身伤亡，甚至殃及无辜，也会引起社会公共秩序混乱，造成恶劣的社会影响。

【案例】 新华社2009年5月21日消息：2008年6月，在赤峰市某中学宿舍内，同室居住的一名女高中生因为怀疑对方脚臭引发争吵，继而矛盾升级。双方通过手机短信纠集人员到约定地点解决问题，声称绝不向外宣扬，后果自负。结果造成两人受伤。法院在审理中查明，案发时有两名被告人未满18周岁，参加聚众斗殴的人员，有8人被判处3个月至3年半不等的有期徒刑。

2. 寻衅滋事

寻衅滋事可以归纳为四种表现形式：(1)随意殴打他人，情节恶劣的，如无事生非，打人取乐，并造成他人轻伤或其他不良后果；(2)追逐、拦截、辱骂他人，情节恶劣的，如多次或经常追逐、堵截他人或追逐、拦截、辱骂妇女、老人、儿童，或以极端下流的语言辱骂他人或结伙追逐、拦截、辱骂他人造成恶劣的社会影响；(3)强拿硬要或任意损毁、占用公私财物，情节严重的；(4)在公共场所起哄闹事，造成公共场所秩序严重混乱的。行为人只要实施以上四种行为之一，即可构成本罪。

3. 吸毒

吸毒是近年来逐渐在我国境内肆虐的一个严重的社会问题，随着我国吸毒人口数量的逐年上升，毒魔也慢慢开始侵蚀校园。

【案例】 2010年7月5日，广西灌阳县的一名初中一年级学生，因为吸食毒品而死亡。死亡的学生名叫陈某，14岁，在某民族中学读初中一年级，事发当天中午，陈某从学校回到家中，当时他坐在客厅沙发上，陈某的母亲在厨房里忙着午饭，陈某妈妈回忆："突然听到噗通一声，孩子从沙发上掉在了地上，看到他脚手都抽筋了，我马上跑出来把他扶到沙发上。”当时陈某口吐白沫倒在地上，四肢抽搐，神志不清，家人赶紧拨打了120急救电话。医生诊断：“吸毒过量。”

4. 非法获取国家秘密

按照我国《保密法》的规定，教育工作中涉及的国家绝密级事项包括：各类高等及中等教育全国统一考试在启用前的试题（包括副题）、参考答案和评分标准。涉及的机密级事项包括：各类高等及中等教育省级和地区（市）级统一考试在启用前的试题（包括副题）、参考答案和评分标准。所涉及的秘密级事项包括：地区（市）级以上高等及中等教育统一考试在启用前的试题及命题工作和人员的有关情况；尚未公布的全国各级各类学校统计数字、年度计划及发展规划。

五、贪污贿赂犯罪行为

在社会主义市场经济大环境下，学校已不再是“象牙塔”，反而由于管理制度不规范、不健全，在升学、招生、考试、收费诸多环节成为贪污受贿犯罪的重灾区。

【案例】 某中学是一所重点中学，在公众中享有很高的声誉。然而，2007年该中学原领导班子却因贪污腐败被“一锅端”。

从2004年起，该中学在招生过程中组织不够分数的学生考试，对成绩列前300名的学生按三个分数段收取6000元到5万元不等的捐资助学款。据不完全统计，从2004年至2007年案发时止，该校先后向学生家长收取所谓的捐资助学款达1600多万元。由于该中学属于二级单位，其人事、财务归某大学管理，业务上受市教育局的领导。按照国家规定，社会力量捐资助学款必须由教育行政管理部门协调财政部门统一缴纳到财政专户上。然而，在校长唐某某的授意下，该中学收取的绝大部分捐资助学款却存入了几名副校长的私人账户或学校食堂账户中，成为“账外资金”。几位校领导每人都掌管着一本捐资助学款的私人存折，数额少则几十万，多则一二百万。

2005年至2007年间，该中学以个人名义开办存储账户多达11个，作为学校的“小金库”。这些“小金库”成了校领导班子可随意支配的“提款机”，他们利用各种手段进行贪污，侵吞巨额公款，动辄以开会为名分发劳务费、以加班为名发放“红包”，并想方设法找发票“报销”或公款私分。除按照分数收取捐资助学款作为学校的“账外资金”外，唐某某自己收取捐资助学款的方式还有两种：一是利用职权挤占招生指标，直接收取学生家长的捐资助学款后据为已有；二是以上级领导打招呼为由，两头欺骗，欺骗家长和学校财务人员，自己从中截留。此外，唐某某还利用职务之便，在学校采购多媒体电教设备活动中收受贿赂。

【本章小结】

本章针对学校教育中常见的违法行为包括违反广义上的教育法的行为、违反《治安管理处罚法》的行为和校园犯罪行为做了梳理，并通过大量的典型案例使我们对这些行为有了较为直观的了解。当然，由于教育活动的范围广泛、教育形式的灵活多样，各种违法行为对教育活动的干扰和侵害在这里难以一一全面介绍，但我们可以举一反三，从中窥一斑而知全豹。

【复习思考题】

1. 在中小学校，学校、教师和学生常见的违法行为有哪些，试举例说明。

2.在中小学校常见的违反治安管理的违法行为有哪些，常见的犯罪行为有哪些？

3.学校是不是未成年学生的监护人，为什么？

第九章　教育法律救济

随着教育法律体系的完善，我国已进入全面依法治教的阶段。在教育法制建设中，通过建立法律救济制度，加强各级权力机关对教育行政行为的监督，明确教育行政执法主体的法律责任，纠正教育行政机关的违法或不当的行政行为，保障教育秩序的正常进行。同时，通过建立、健全有关教育的调解、申诉等制度，以及运用行政复议、行政诉讼等多种法律救济手段，及时妥善处理日益增多的教育纠纷，是促进教育法制建设的重要内容和有效手段之一。

第一节　教育法律救济概述

一、教育法律救济的含义与作用

所谓法律救济，是指通过一定的程序和途径裁决社会生活中的纠纷，从而使权益受到损害的相对人获得法律上的补救。教育法律救济，是指通过法定程序和途径裁决教育教学活动中的纠纷，维护受损一方的合法权益，并给予其法律上的补救。法律救济在教育活动中的作用是多方面的。其中最主要的是在教育活动中起着权利保障、依法行政以及推进教育法治的作用。

（一）保护教育关系主体特别是教师、学生及学校在教育活动中的合法权益

在教育法律关系中，特别是教师、学生及学校当其权利受到某种侵害时，可以通过一定的途径和手段，请求国家有关机关（如法院）以强制性的救济方式来实现其权利，这时他们的权利才是真实的，才能被尊重。

（二）促进国家行政机关及其工作人员依法行政，预防和控制其职务违法行为

实行法律救济制度可有力地促进国家机关内部管理的完善与行政监督的加强，也将大大提高国家工作人员的责任感，促其加强自律，审慎行事，依法行政，确保公务活动的公正性与合法性。

（三）标示教育法制，推进教育法制建设

衡量一个国家是否民主，是否实行了法治的重要标准就是国家和政府是否和人民一样守法，是否在违法后承担相应的法律责任，法律救济便是国家对人民承担侵权责任的方式。

二、《教育法》关于法律救济途径的规定

法律救济的途径，是指管理相对人认为其合法权益受到损害时，请求法律救济的渠道和方式。从一般意义上讲，主要有三种途径：一是诉讼渠道，即司法救济渠道；二是行政渠道，即行政救济渠道；三是其他渠道，主要是本组织或机构内部或者民间渠道。相对于诉讼渠道来说，后两种渠道又通称“非诉讼渠道”。

（一）诉讼渠道

从我国现行法律制度看，凡属于民事诉讼、刑事诉讼和行政诉讼受案范围的，都可以通过诉讼渠道求得司法解决。针对学校

特点,《教育法》和《教师法》都明确规定学校、教师和学生三个重要主体的诉讼救济渠道。《教育法》第二十八条规定:"国家保护学校及其他教育机构的合法权益不受侵犯。"第七十二条规定:"结伙斗殴,寻衅滋事,扰乱学校及其他教育机构教育教学秩序或者破坏校舍、场地及其他财产的,由公安机关给予治安管理处罚;构成犯罪的,依法追究刑事责任。""侵占学校及其他教育机构的校舍、场地及其他财产的,依法承担民事责任"。第四十二条规定学生有"对学校给予的处分不服向有关部门提出申诉,对学校、教师侵犯其人身权、财产权等合法权益,提出申诉或者依法提起诉讼"的权利。

(二)行政渠道

我国有明确的行政申诉和行政复议制度。《教育法》和《教师法》也都进一步规定了受教育者申诉和教师申诉制度两种行政救济方式。

(三)其他渠道

在人民调解制度的基础上,随着教育法律、法规的健全,根据《教育法》和《教师法》的基本精神,正在逐步建立校内调解制度,同时,摸索建立教育仲裁制度。

第二节 教育申诉制度

一、什么是申诉制度

申诉制度,通常是指公民在其合法权益受到损害时,向国家机关申诉理由,请求处理或重新处理的制度。它是保障我国《宪法》赋予公民申诉权利的一项制度。我国现行法律和政策设置了多项申诉制度,从其是否属于诉讼范畴的角度看,可分为诉讼上的申诉制度和非诉讼上的申诉制度两大类。

（一）诉讼上的申诉制度

诉讼上的申诉,专指由人民法院受理的申诉。在我国,当事人或其他公民对已经发生法律效力的判决、裁定不服,可以向人民法院或人民检察院提出要求重新处理的申诉。

（二）非诉讼上的申诉制度

非诉讼上的申诉范围较广,包括向中国共产党各级纪律检查委员会的申诉;向政府行政监察部门的申诉;向人民代表大会常务委员会或通过人大代表向权力机关的申诉;以及向做出具体行政行为的行政机关的上一级行政机关或其设置的专门机构的申诉,等等。

二、教师申诉制度

（一）教师申诉制度的含义

我国《教师法》第三十九条规定:“教师对学校或者其他教育机构侵犯其合法权益的,或者对学校或者其他教育机构做出的处理不服的,可以向教育行政部门提出申诉,教育行政部门应当在接到申诉的三十日内,做出处理。”“教师认为当地人民政府有关行政部门侵犯其根据本法规定享有的权利的,可以向同级人民政府或者上一级人民政府有关部门提出申诉,同级人民政府或者上一级人民政府有关部门应当做出处理。”《教师法》确立的维护教师合法权益的有关行政救济程序的制度,即教师在其合法权益受到侵害时,依照法律、法规的规定,向主管的行政机关申诉理由,请求处理或重新处理的制度，就是教师申诉制度。

（二）教师申诉范围

《教师法》对教师可以提出申诉的范围规定得比较宽，主要有：

(1)教师认为学校或其他教育机构侵犯其《教师法》规定的合法权益的，可以提出申诉。这里的合法权益，包括《教师法》规定的教师在职务聘任、教学科研、工作条件、民主管理、培训进修、考核奖惩、工资福利待遇、退休等方面的合法权益。

(2)教师对学校或其他教育机构做出的处理决定不服的，可以提出申诉。在这里，学校或其他教育机构的处理决定，可能侵害了教师的合法权益，也可能没有侵害教师的合法权益。但如果教师对处理决定不服，就可以提出申诉。而对其他企业、事业单位或个人侵犯其合法权益的，不属于教师申诉的范围。

(3)教师认为当地人民政府的有关行政部门侵犯其《教师法》规定的合法权益，可以提出申诉。这里需要指出的是，行政机关作为被申诉人，仅限于当地人民政府有关的行政部门，可能是教育行政部门，也可能是其他行政部门，但不能以政府为被申诉对象。

（三）受理教师申诉的机关及管辖

受理申诉的机关，因被申诉主体的不同而有所区别。教师如果是对学校或其他教育机构提出申诉的，受理申诉的机关为主管该学校或其他教育机构的教育行政部门；如果是对当地人民政府的有关行政部门提出申诉的，受理申诉的机关可以是上一级人民政府对口的行政主管部门。这里需要指出的是，提出申诉不要向行政机关的个人提出，而应向行政机关提出。否则，将按一般的群众来信处理。

(四)教师申诉制度的主要环节和程序

教师申诉制度由申诉提出、受理和处理三个环节组成,并依次序进行。

1. 教师提出申诉,应当以书面形式提出

申诉书应当载明如下内容:

(1)申诉人的姓名、性别、年龄、住址等。

(2)被申诉人(指教师所在的学校或者其他教育机构,以及当地人民政府的有关行政部门)的名称、地址、法定代表人的姓名、性别、职务等。

(3)申诉要求。主要写明申诉人对被申诉人侵犯其合法权益或不服申诉人的处理决定而要求受理机关进行处理的具体要求。

(4)申诉理由。主要写明被申诉人侵害其合法权益,或不服被申诉人处理决定的事实依据,针对被申诉人的侵权行为或处理决定的错误,提出纠正的法律、政策依据,并就此陈述理由。

(5)附项,写明提交有关的物证、书证或复印件等。对于教师申诉,《教师法》中没有规定时效,但是有地方政府规定的特殊情形除外。

2. 对申诉的受理

主管的教育行政部门接到申诉书后,应对申诉人的资格和申诉的条件进行审查,根据不同情况,分别做出如下处理:

(1)对于符合申诉条件的,应予以受理。

(2)对于不符合申诉条件的,可以答复申诉人不予受理。

(3)对于申诉书未说清申诉理由和要求的,要求重新提交申诉书。

3. 对申诉的处理

行政机关对受理的申诉案件,应当进行全面核查,根据不同情况,分别做出如下处理:

(1)学校或其他教育机构的管理行为符合法定权限和程序，适用法律法规正确，事实清楚，可以维持原处理结果。

(2)对于被申诉人不履行法律、法规和规章规定的职责的，可以责令其限期改正。

(3)学校管理行为的一部分适用法律、法规和规章错误的，或处理决定事实不清的，可变更不适用部分或责令学校重新处理。

(4)学校管理行为违反法律、法规的，可撤销其原处理决定，其所依据的内部规章制度与法律、法规及其他规范性文件相抵触的，可责令学校进行修改或废止。

对学校或者其他教育机构提出的申诉，主管教育的行政部门应当在收到申诉书的次日起 30 日内进行处理。在移送管辖的情况下，从有管辖权的主管教育行政部门接到移送申诉案的次日起计算期限。主管教育的行政部门逾期未做处理的，或者久拖不决的，其申诉内容涉及人身权、财产权以及其他属于行政复议、行政诉讼受案范围的，申诉人可依法提起行政复议或行政诉讼。

行政机关做出申诉处理决定后，应当将申诉处理决定书发送给申诉处理当事人。申诉处理决定书自送达之日起发生效力。申诉当事人对申诉处理决定书不服的，可向原处理机关隶属的人民政府申请复核。其申诉内容直接涉及人身权、财产权及其他属于行政复议、行政诉讼受案范围的，可依法提起行政复议或者行政诉讼。

三、受教育者申诉制度

(一)受教育者申诉制度的含义

受教育者申诉制度，是指受教育者在其合法权益受到侵害时，依照《教育法》及其他法律的规定，向主管的行政机关申诉理由，请求处理的制度。我国《教育法》规定，受教育者对学校给予的处分不服，向有关部门提出申诉，对学校、教师侵犯其人身权、财产权等合法权益，提出申诉或者依法提出诉讼。受教育者申诉制度具有如下特征：

1. 受教育者申诉制度是受《教育法》保护的法定的申诉制度，不同于其他意义上的申诉制度

受教育者认为学校、学校工作人员、教师侵犯其合法权益，均可向学生申诉机构提起申诉，任何阻碍、压制乃至剥夺学生申诉的行为，均构成违法行为，应承担相应的法律责任。

2. 受教育者申诉制度是具有特定性的权利救济制度

受教育者申诉制度的本质，在于补救受教育者受损害的合法权益。受教育者特定的身份和在教育教学活动中的地位，决定了当受教育者的合法权益受到侵害时，其本人既不能采取拒绝履行决定的方式来补救，也无权采取强制性手段制止或纠正其侵犯行为。因此，《教育法》规定的受教育者申诉的权利，是维护受教育者这一特定主体合法权益的法律救济保障。

（二）受教育者申诉的范围

《教育法》对受教育者申诉范围的规定比较宽，这对维护受教育者在学校或其他教育机构中的合法权益是十分有利的。依提起申诉的对象和内容可分为如下几种：

（1）受教育者对学校给予的，包括学籍、考试、校规等方面的处分不服的，有权申诉。

（2）受教育者对学校侵犯其合法财产权利的，可以提出申诉。例如，对学校违反《义务教育法实施细则》和地方性法规的规定乱收费的，学生有权申诉。

（3）受教育者对学校侵犯其人身权利的，可以提出申诉。例如，受教育者对学校在校纪管理中处理不当而侵害其名誉权的，有权申诉。

(4)受教育者对教师侵犯其合法财产权利的,可以提出申诉。例如,学生对教师强迫其购买与教学无关的东西,有权申诉。

(5)受教育者对教师侵犯其人身权利的,可以提出申诉。例如,学生对教师私拆其信件而导致身心受害的,有权申诉。

(6)受教育者对学校或教师侵害其知识产权的,可以提出申诉。例如,教师剽窃学生的著作权、发现权、发明权或其他科技成果权,学校强行将学生的知识产权收归学校等,这不仅侵犯了学生的人身权,同时也侵犯了其财产权,受教育者有权申诉。

(三)受教育者申诉制度的申诉人和被申诉人

1. 申诉人

受教育者申诉制度的申诉人,主要包括其合法权益受到侵害的受教育者本人及其监护人。在这里,监护人可依照法律规定确定。如我国《婚姻法》规定,父母、祖父母、外祖父母、兄、姐应为未成年的子女、孙子女、外孙子女、弟、妹的监护人;也可依赖被监护人父母的遗嘱委托确定。

2. 被申诉人

受教育者申诉制度的被申诉人,一般是指受教育者所在的学校或者其他教育机构、学校工作人员以及教师。这里包含两层含义:一是受教育者对学校或其他教育机构按照学生管理规定给予的处分不服而提出申诉的,其被申诉人只限于学校及其他教育机构,而不涉及学校负责人;二是学校、学校工作人员以及教师侵犯受教育者人身权、财产权等合法权益时,作为被申诉人。

目前,我国的学生申诉制度尚处于发育阶段。有关学生申诉制度的其他内容,包括受理学生申诉的机关、职权、申诉处理等,也尚未规范,有待逐步完善。

第三节　教育行政复议

一、教育行政复议的含义

教育上的行政复议，指教育管理相对人认为教育行政机关做出的具体行政行为侵犯其合法权益，向上一级教育行政机关或原教育行政机关提出申诉，请求给予补救，由受理的教育行政机关根据管理相对人的申请，对发生争议的具体行政行为进行复查，判明其是否合法、适当和责任的归属，并决定是否给予管理相对人救济的法律制度。

二、教育行政复议的范围

教育行政复议的范围，是指管理相对人对教育行政机关做出的具体行政行为不服，认为其侵犯自己的合法权益，向教育行政机关申诉，请求救济的范围。根据我国《行政处罚法》和《行政复议法》的规定，教育行政复议的范围主要包括以下几个方面：

1. 对教育行政处罚不服的

这里主要包括对罚款、吊销许可证和执照、没收财物等行政处罚不服的，可以申请复议。

2. 对教育行政强制措施不服的

这里主要包括对财产的查封、扣押、冻结等行政强制措施不服的，可以申请复议。

3. 对不作为违法，可以请求复议救济

这里主要包括三个方面：

(1)认为符合法定条件，申请行政机关颁发许可证和执照，行政机关拒绝颁发或者不予答复的，如大量存在的教师申请教师资格证书、工厂申请教学仪器设备产品许可证等。

(2)申请行政机关履行保护人身权、财产权的法定职责，行政机关拒绝履行或不予答复的。

(3)认为教育行政机关没有依法发给抚恤金的。这里所说抚恤金有两层含义：其一必须是法律、法规规定的；其二必须是行政机关发给的抚恤金。否则，不能申请行政复议。

4. 对违法设定义务不服的，可以申请复议

例如，管理相对人认为教育行政机关违反法定条件和法定程序，要求其履行义务的，可以申请行政复议。

5. 对侵犯其经营自主权的，可以申请复议

在这里主要包括两层含义：一是指管理相对人（主要是校办企业）认为教育行政机关侵犯法律、法规规定的经营自主权；二是经营自主权的表现形式包括对财产的占有权、自主使用权、收益权、支配权等。

6. 对侵犯其他人身权、财产权，可以申请行政复议

在这里，人身权主要包括生命健康权、姓名权、肖像权、名誉权、荣誉权、婚姻自主权等。财产权包括物权（所有权、抵押权、留置权、地役权等）、债权、著作权、专利权、商标权等，只要行政机关侵犯了人身权、财产权，被侵权人都可以申请行政复议。

三、教育行政复议的管辖

教育行政复议的管辖是指不同层级的教育行政机关之间，受理行政复议的案件的分工和权限。可分成如下几类：

1. 本级人民政府或上一级教育行政机关管辖

根据《行政复议法》的有关规定，由本级人民政府或上一级教育行政机关管辖的情况有三种：

(1)对县级以上的教育行政机关的具体行政行为不服而申请的复议，由本级人民政府或者上一级教育行政机关管辖。

(2)对于受教育行政机关委托的组织做出的具体行政行为不服而申请的复议，由委托的教育行政机关的上一级教育行政机关管辖。

(3)对被撤销的教育行政机关在其被撤销前做出的具体行政行为不服而申请的复议，由继续行使该机关职权的教育行政机关的上一级教育行政机关管辖。

2. 做出具体行政行为的原教育行政机关管辖

依照《行政复议法》关于"对国务院各部门的具体行政行为不服而申请的复议，由做出具体行政行为的部门管辖"的规定，对国家教育部的具体行政行为不服而申请的复议，由国家教育部管辖。对教育部的复议决定不服的，可以向国务院申请裁决。

3. 特定管辖

这是基于特定管辖关系的管辖。《行政复议法》规定："对法律、法规和规章授权的组织做出的具体行政行为不服而申请的复议，由直接主管该组织的行政机关管辖。"根据这一规定，对由教育法律、法规授权的组织做出的具体行政行为不服而申请的复议，由直接主管该组织的教育行政机关管辖。

四、教育行政复议的程序

根据《行政复议法》的规定，教育行政复议大体经过以下步骤：

1. 申请

教育行政管理相对人向有管辖权的教育行政机关提出复议申请，应当在被告知行政执法决定之日起60日内提出，法律、法规另有规定的除外。因不可抗力或者其他情况耽误法定申请期限的，申请期限自障碍消除之日起，继续计算。

复议申请必须以书面形式提出。申请书应载明以下内容：(1)申请人的姓名、性别、年龄、职业、住址等(法人或者其他组织的名称、地址、法定代表人的姓名)。(2)被申请人的名称、地址。

(3)申请复议的要求和理由。(4)提出复议申请的日期。

2. 受理

复议机关在收到复议申请后,应对申请人的资格和申请复议的条件进行审核,并在5日(工作日)内对复议申请分别做出以下处理:

(1)对于符合申请条件的,应予以受理。

(2)对于不符合申请条件的,裁决不予受理。

(3)复议申请书未载明法定内容的,应当将申请书发还申请人,限期补正,过期不补正的,视为未申请。

应说明的是,对于复议申请,复议机关必须答复,无正当理由拒绝受理或者不予答复的,上一级行政机关或者法律、法规规定的行政机关应当责令其受理或者答复。

3. 审查

复议机关应当在受理之日起7日内将复议申请书副本发送被申请人。被申请人在收到复议申请书副本之日起10日内,应向复议机关提交做出具体行政行为的有关材料或者证据,以及答辩书。被申请人逾期不答辩的,不影响复议。

复议机关根据复议申请书和被申请人提供的材料、证据和答辩书,对原教育行政执法决定进行审查。通过审查,查明事实真相,确定原行政执法决定是否违法、失当,是否侵害了申请人的合法权益。

行政复议应以书面形式进行,复议机关认为必要时,也可采取其他形式。在复议决定做出之前,申请人可以主动撤回复议申请。如果被申请人改变原行政执法决定,申请人同意,也可申请撤回复议申请。

4. 决定

复议机关经过审查,可以根据事实和《教育法》分别做出如下决定:

(1)教育行政执法决定适用法律、法规、规章和具有普遍约束力的决定、命令正确，事实清楚，符合法定权限和程序的，决定维持。

(2)对于教育行政执法活动程序上不足的，决定被申请人补正。

(3)对于被申请人不履行法律、法规和规章规定的职责的，决定被申请人在一定期限内履行。

(4)对于主要事实不清的，适用法律、法规、规章和具有普遍约束力的决定、命令错误的，违反法定程序而损害申请人合法权益的，超越或者滥用职权的，具体行政行为明显不当的，复议机关决定撤销原教育行政执法决定，并可以责令被申请人重新做出执法决定。

复议机关应当在收到复议申请书之日起60日内做出决定，并应制作复议决定书。

5. 执行

复议决定做出后，复议机关应将复议决定书送达申请人，复议决定书一经送达，即发生法律效力。除法律规定终结的复议外，申请人对复议决定不服的，可以在收到复议决定书之日起15日内，或者法律、法规规定的其他期限内向人民法院起诉，对于申请人逾期不起诉又不履行复议决定的，分情况由最初做出行政执法决定的教育行政机关或复议机关依法强制执行。

第四节　教育行政诉讼

一、教育行政诉讼的含义

依据我国《行政诉讼法》，教育上的行政诉讼，是指教育行政管理相对人认为教育行政机关的具体行政行为侵犯其合法权益，依法向人民法院起诉，请求给予法律补救，人民法院对教育行政机关的具体行政行为的合法性进行审查,维护和监督行政职权的依法行使,纠正或撤销违法侵权的行政行为,给予管理相对人的合法权益以特殊保护的法律救济活动。

教育行政诉讼作为诉讼的法律救济手段的特点:一是主管恒定。教育行政诉讼的主管机关只属于人民法院,而不属于其他机关。二是诉权专属。诉权某种意义上是一种向司法机关请求依法保护合法权益的救济之权。三是标的明确。教育行政诉讼的标的是教育法律规定的具体的教育行政行为,而其他非教育管理相对人的行为不是行政诉讼的标的。四是被告负举证责任。在教育行政诉讼中,作为被告的教育行政机关负有举证责任。五是不得调解。人民法院在审理教育行政诉讼案件时,不得采取调解作为审理程序和结案方式。

二、行政诉讼的受案范围

1. 对行政处罚不服的

《行政诉讼法》规定:"对拘留、罚款、吊销许可证和执照、责令停产停业、没收财物等行政处罚不服的。"可以向人民法院提起行政诉讼。

2. 对行政强制措施不服的

行政强制措施是行政机关行使行政职能,依法对人身或财产采取的强制性措施。对于人身的强制措施如拘留等,对于财产的强制措施如查封、扣押、冻结等。行政强制措施涉及人身权或财产权。《行政诉讼法》规定,"对限制人身自由或者对财产的查封、扣押、冻结等行政措施不服的",可以向人民法院提起行政诉讼。

3. 认为行政机关侵犯法律、法规规定的经营自主权的

比如,学校校办企业具有的生产计划权、产品销售权、固定资产依法处分权等,认为受到行政机关侵犯,可以向人民法院提起行政诉讼。

4. 认为符合法定条件申请行政机关颁发许可证和执照，行政机关拒绝颁发或者不予答复的

对各种特定的行业和活动实行许可制度，是行政管理的重要手段。例如学校向园林行政管理机关申请伐掉校内枯朽有危险的树木，该行政机关拒绝许可或在法定期限内不予答复，或没有法定期限但拖延不予答复的，可以向人民法院起诉。

5. 申请行政机关履行保护人身权、财产权的法定职责，行政机关拒绝履行或者不予答复的

公民、法人和其他组织的人身权、财产权受到不法侵害，申请有关行政机关履行保护职责，负有该项法定职责的行政机关拒绝履行法定职责或者不予答复的，可以向人民法院提出行政诉讼。比如，学校受到不法分子滋扰，向邻近派出所报告，请求保护，而该派出所置之不理，这时学校可以向派出所的上级公安局申请行政复议，也可以向人民法院起诉。

6. 认为行政机关没有依法发给抚恤金的

7. 认为行政机关违法要求履行义务的

如教育行政机关违法要求履行义务，如乱摊派等，师生或学校可以拒绝并向人民法院提出行政诉讼。

8. 认为行政机关侵害其他人身权、财产权的

这是一条概括性的规定，即除上列七项具体行政行为以外，只要是公民或组织认为行政机关侵犯其人身权、财产权的具体行政行为都可以向人民法院提起行政诉讼。

9. 法律、法规规定可以提起行政诉讼的其他行政案件

对上述受案范围以外的具体行政行为，既不是一律可以起诉，也不是一律不能起诉。能否起诉的标准是法律、法规有无可以提起行政诉讼的规定。有规定的可以起诉，无规定的暂不可以起诉。这里的“法律、法规”是指法律、行政法规、地方性法规以及自治条例和暂行条例，不包括规章。

应当特别注意,《行政诉讼法》规定,人民法院对公民、法人或者其他组织提出的下列事项不予受理:

(1)国防、外交等国家行为。

(2)行政法规、规章或者行政机关制定、发布的具有普遍约束力的决定、命令。

(3)行政机关对行政机关工作人员的奖惩、任免等决定。

(4)法律规定由行政机关最终裁决的具体行政行为。例如《中华人民共和国专利法》规定:"专利复审委员会对申请人关于实用新型和外观设计的复审所做出的决定为终局决定。"对此项决定不服提起诉讼的,人民法院不予受理。

三、教育行政诉讼的起诉条件和诉讼程序

(一)起诉

这里的起诉是指行政管理相对人不服行政执法决定,依法向人民法院提出诉讼请求,要求人民法院对行政执法决定的合法性进行审查的行为。

1. 起诉条件

包括:(1)原告是认为具体行政行为侵犯其合法权益的公民、法人或其他组织。(2)有明确的被告。直接向人民法院起诉的案件,做出具体行政行为的行政机关是被告;经复议的案件,复议机关决定维持原具体行政行为的,做出原具体行政行为的行政机关是被告,复议机关改变原具体行政行为的,复议机关是被告。(3)有具体的诉讼请求和事实根据。(4)属于人民法院受案范围。(5)属于该人民法院管辖。起诉应以书面方式为基本方式,但是对于有书写困难的,也可以采取口头方式。

2. 起诉的法定期限

根据《行政诉讼法》规定,有两种情况:(1)起诉前先行复议

的,应在收到复议决定书之日起 15 日内起诉,如果复议机关逾期不做决定,管理相对人应在复议期满之日起 15 日内向人民法院提起诉讼。(2)直接起诉的,应当在知道执法决定之日起 3 个月内起诉。

(二)受理

人民法院接到起诉状后,应在 7 日内审查立案或做出不予受理的裁定,原告对裁定不服,可以上诉。

(三)审理

人民法院在开庭审理前先做以下两项主要准备工作:一是组成合议庭。合议庭由 3 人以上单数的审判员或审判员、陪审员组成。二是交换诉状。人民法院应当在立案之日起 5 日内,将起诉状副本送达被告。被告应当在收到起诉状副本之日起 10 日内向人民法院提交做出具体行政行为的有关材料,并提出答辩状。人民法院应当在收到答辩状之日起 5 日内,将答辩状副本送达原告。被告如果不提出答辩状,也不影响人民法院审理。

人民法院审理教育行政案件实行公开审判,涉及国家秘密、个人隐私和法律另有规定的除外。开庭审理一般经过宣布开庭、法庭调查、法庭辩论、评议、宣判五个阶段。在审理过程中,经人民法院两次合法传唤,原告无正当理由拒不到庭的,视为申请撤诉;被告无正当理由拒不到庭的,可以缺席判决。原告申请撤诉的,或被告改变其行政执法决定,原告同意并申请撤诉的,是否准许,由人民法院裁定。

(四)判决

人民法院经过审理,根据不同情况,分别对当事人之间的实体权利和义务做出权威性的判定,叫判决。人民法院的第一审判决应在立案之日起3个月内做出，有特殊情况需要延长的，由高级人民法院批准。高级人民法院审理第一审案件需要延长的，由最高人民法院批准。

(五)执行

当事人必须履行人民法院发生法律效力的判决、裁定。公民、法人或者其他组织拒绝履行判决、裁定的，行政机关可向人民法院申请强制执行，或者依法强制执行。行政机关拒绝履行判决、裁定的，人民法院可以采取以下措施：

(1)划拨。对应当归还的罚款或者应当给付的赔偿金，通知银行从行政机关的账户内划拨。

(2)罚款。在规定期限内不履行的，从期满之日起，对该行政机关按日处50元至100元的罚款。

(3)追究刑事责任。对拒不履行判决、裁定，情节严重构成犯罪的，依法追究主管人员和直接责任人员的刑事责任。

第五节　教育行政赔偿

一、教育行政赔偿的含义

教育行政赔偿属于国家赔偿的范畴，是指教育行政机关及其工作人员在执行职务过程中，违法行使职权侵犯了公民、法人或其他组织的合法权益，造成损害，依照《国家赔偿法》由国家给予的赔偿。

教育行政赔偿的特征：一是侵权主体为教育行政机关及其公务人员；二是侵权损害发生在执行职务的过程中；三是侵权行为源于教育行政机关及其公务人员的违法行政；四是教育行政赔偿

的主体是国家；五是教育行政赔偿是一种法律责任。首先，这种责任一般由法律规定，如《国家赔偿法》或其他法律、法规的侵权责任规范。其次，这种责任的承担形式通常是具有法律上惩戒意义的责任，如金钱赔偿、返还原物等。最后，这种责任的承担，是法律上的救济，即补救、恢复受损者的合法权益。

二、行政赔偿的范围

我国《国家赔偿法》在《行政诉讼法》规定的基础上，针对目前实际存在的问题，将行政赔偿范围仅限于人身权与财产权的违法行政行为，主要是：

(一)侵犯人身权的违法行政行为

1. 违法拘留或者违法采取限制公民人身自由的行政强制措施

实施行政处罚与行政强制措施都属于行政机关的职务行为，违法实施这两种具体行政行为就构成职务行为本身违法。凡上述限制人身自由的行政强制措施的实施存在事实不清、适用法律错误、未遵守法定程序等问题均属于违法的行政强制措施。

2. 非法拘禁或者以其他方法非法剥夺公民人身自由的行为

这类行为是指行政机关及其工作人员在执行职务时，在不具有行政拘留或限制人身自由行政强制措施权限，或者虽具有上述权限但尚未依法做出上述决定的情况下，非法剥夺公民的人身自由。其方法可以是非法拘禁、非法扣留、绑架、强制禁闭，等等。此类行为的特点是，它一般不属于行政机关及其工作人员的职务行为，但却与职务行为有关联，或者是为了执行职务而采取的非法手段。

例如，税务人员对拒不纳税的个体户予以拘禁，以迫使其履行纳税义务；或者是出于个人目的(如泄私愤、打击报复等)，假借职务之便实施的行为。

3. 以殴打等暴力行为或者唆使他人以殴打等暴力行为造成公民身体伤害或者死亡的违法行为

此类行为是行政机关工作人员在行使职权时实施或唆使他人实施的违法行为，其本身并不是职务行为，但却与职务行为密切相关。或者是在执行职务的时间或场所实施的。

例如，某监考工作人员将在考试中作弊的小A带到教务处后不久，便有一教育行政机关的工作人员从外进来，看到小A态度不好，便踢了小A一脚，不想却造成小A脾脏破裂。由于该行为是在执行职务时间内实施的，因此就属于行政赔偿范围。

4. 违法使用武器、警械造成公民身体伤害与死亡的违法行为

此类行为是指行政机关工作人员在行使职权时违反国家有关武器、警械使用规定而使用枪支、警棍、手铐、警绳、催泪弹等致他人伤亡的行为。这类行为一般是在执行职务过程中发生的。例如，人民警察在执行公务中对于抗拒拘留的违法行为人，可以使用警棍。而某警察在拘留小B时，仅仅因为小B口出不逊，就用电棍将其打伤。

5. 造成公民身体伤害或死亡的其他违法行为

此类行为是指行政机关及其工作人员在执行职务过程中实施的除上述四种违法行为以外的违法行为而致他人伤亡的情形。例如，公安机关的警车在执行公务中违反交通规则将某公民撞死。

(二)侵犯财产的违法行政行为

1. 违法实施罚款、吊销许可证和执照、责令停产停业、没收财物等行政处罚行为

根据《国家赔偿法》的要求，上述行政处罚必须符合以下两个条件，国家才予以赔偿：一是上述行政处罚违法，即其合法性已被行政机关或司法机关裁决否定；二是事实上上述行政处罚已经执行并造成了侵害相对一方财产权的结果。例如，罚款额已经上缴，这部分款项的所有权已经从受害人转移至行政机关。

2. 违法对财产采取查封、扣押、冻结等行政强制措施的行为

这里的行政强制措施属于限制财产的强制措施，这几种强制方法由于都对当事人财产权的行使予以一定限制或剥夺。为切实保障当事人合法权益，法律一般对行使上述强制措施都规定了严格的条件及程序，行政机关必须依法实施上述行为，如果违反上述规定而致损害的，受害人有权请求国家赔偿。

3. 违反国家规定征收财物、摊派费用的行为

这是指行政机关在没有法律依据的情况下凭借职权，要求相对一方履行某种义务，如出钱、出物等。这种行为是与依法行政原则相违背的，同时，侵犯了公民、法人或其他组织的财产权。对于这种“乱收费”、“乱摊派”的行为，任何公民、法人或其他组织都有权予以拒绝，对于财物或金钱已被行政机关强制征收走的情况，受害人有权要求国家赔偿。同样，对于行政机关在违法征收财物或摊派费用时与相对一方发生争执，争执中损坏了相对一方财物的，相对一方也有权要求国家赔偿。

4. 违法侵犯财产权造成损害的其他行为

这是指行政机关及其工作人员在执行职务中实施除上述两种违法行为以外的其他违法行为，而侵犯了相对一方财产权并造成损害的情形。例如，因行政机关对保护财产权的申请不予答复，致使他人将受害人财物毁损。在这里行政机关的违法不作为致使受害人财物损害的情形，就属于这里所说的“其他行为”。

应当注意，上面列举的是《国家赔偿法》规定的行政赔偿的全部范围，教育行政赔偿只是该范围中的一部分，且主要是侵犯财产权的违法行为造成的侵权赔偿。

三、行政赔偿的义务机关

根据《国家赔偿法》，我国行政赔偿义务机关包括以下几类：

（一）实施侵害的行政机关

实施侵害的行政机关包括两种情况：

1. 行政机关

违法行使行政职权侵犯公民、法人和其他组织的合法权益造成损害的，该行政机关为行政赔偿义务机关。在此情况下，违法行使职权的行为是以该行政机关的名义做出，做出该行为的工作人员完全是为了执行命令或决定。该项违法行为属该行政机关违法行使职权，而非执行人员违法行使职权。

2. 行政机关的工作人员

违法行使行政职权侵犯公民、法人和其他组织的合法权益造成损害的，该工作人员所在的行政机关为赔偿义务机关。这种情况是指，违法侵害行为完全是由该工作人员在行使职权时自行决定的行为，该行为不是根据行政机关的明确命令或决定而做出，但也不是与行使职权无关的个人行为。例如，某教育行政工作人员在处理清退所占校舍工作中，与其占用单位私下交易，使学校蒙受损失。此种侵害行为即属于工作人员违法行使行政职权的行为，该行政人员所在的行政机关为赔偿义务机关。

（二）法律、法规授予行政权的组织

法律授予行政权的组织在行使授予的行政权时，侵犯公民、法人和其他组织的合法权益造成损害的，被授权的组织为行政赔偿义务机关。作为行政赔偿义务机关的此类组织须具备以下条件：

(1)有法律、法规明确授予的行政权。

(2)在行使被授予的行政权时侵犯公民、法人和其他组织的合法权益造成损害。当该组织在行使其固有职权或所授予的非行政权时侵犯公民、法人和其他组织的合法权益造成损害,该组织并不能成为行政赔偿义务机关,因为此时并没有行政赔偿的问题。

(三)委托的行政机关

受行政机关委托的组织或个人在行使受委托的权利时侵犯公民、法人或其他组织的合法权益造成损害的,委托的行政机关为赔偿义务机关。

(四)行政复议机关

受理复议申请,依法对具体行政行为进行审查并做出裁决的行政机关即行政复议机关。只有被复议的行政行为侵害了公民、法人或其他组织的合法权益造成损害,并因复议机关的复议决定加重损害的情况下,复议机关才能成为行政赔偿义务机关,且仅对加重的损害部分承担赔偿责任。对于由最初做出具体行政行为的行政机关造成的损害,则该行政机关为赔偿义务机关。

(五)上述赔偿义务机关被撤销后的赔偿义务机关

上述赔偿义务机关被撤销的,继续行使其职权的行政机关为赔偿义务机关;没有行政机关继续行使其职权的,撤销该赔偿义务机关的行政机关为赔偿义务机关。

四、教育行政赔偿的提起和受理

(一)行政赔偿的提起

赔偿请求权人向教育行政机关请求赔偿,应递交"行政赔偿申请书”，及有关的证据材料(如因人身伤害请求赔偿，应提交证明伤害程度、性质的医院证明书、医疗费收据等)。申请书应当载明：

(1)受害人的姓名、性别、年龄、工作单位和住所，法人或者其他组织的名称、住所和法定代表人或者主要负责人的姓名、职务。

(2)具体要求、事实根据和理由。

(3)赔偿义务机关。

(4)申请的年、月、日。

应当指出，行政赔偿程序由非诉讼程序(行政程序)与诉讼程序(司法程序)两个部分组成。在我国原则上行政赔偿义务机关先行通过行政程序予以解决，只有当行政赔偿义务机关不接受、不理睬行政赔偿请求权人的赔偿请求或者行政赔偿请求权人对赔偿数额有异议时，行政赔偿请求权人才可再诉请人民法院予以裁决。

(二)行政赔偿申请的受理

赔偿义务机关收到赔偿请求的申请后，要对之进行审查。主要是审查下列几项内容：

(1)是否符合要求赔偿的要件。

(2)申请书的形式和内容是否符合要求。

(3)申请人所要求赔偿之损害是否确系由本行政机关及其工作人员或受本机关委托的组织和个人之违法行为造成。

(4)申请赔偿之损害是否属于《国家赔偿法》所规定的赔偿范围。

(三)申请的拒绝

被请求的机关在收到请求权人的申请后，通常以两种方式拒绝赔偿：

(1)认为本机关无赔偿义务，应在收到申请后以书面的形式通知请求人不予赔偿，并说明不予赔偿的理由。

(2)自收到申请后，置之不理，超过2个月的法定期限，不予赔偿，或者赔偿请求权人对赔偿数额有异议，这种情况可以被认为是默示的拒绝。请求人不论遇到何种方式的拒绝，均可在3个月内向人民法院提起赔偿诉讼，通过司法程序求得赔偿。

【本章小结】

本章介绍了对教育活动中涉及的各种侵权违法行为法律救济的途径，主要包括教育申诉、教育行政复议、教育行政诉讼、教育行政赔偿，介绍了教育申诉、教育行政复议、教育行政诉讼、教育行政赔偿的概念、程序及相互关系，有利于指导教育活动中各方主体选择适当的方式和途径维护自身的合法权益，促进我国教育事业的健康发展。

【复习思考题】

1. 什么是教育法律救济，教育法律救济具有哪些重要意义？

2. 什么是教师申诉制度，教师申诉制度适用范围如何，包括哪些主要环节和程序？

3. 什么是受教育者申诉制度，受教育者提起申诉的对象和内容包括哪些方面？

4. 何谓教育行政复议、教育行政诉讼，在什么情况下可以申请教育行政赔偿？